なぜ賢いお金持ちに「デブ」はいないのか？

田口智隆
TOMOTAKA TAGUCHI

水王舎

人間にとりて
真の大敵は胸中の敵なり。

セネカ（ローマの哲学者・詩人）

世の中には、
賢いお金持ちと、残念なお金持ちがいます。
両者の差は見た目でわかります。

賢いお金持ちは、
体型がスマートです。
デブはいません。

お金持ちにもデブはいる？

たしかに、そうですね。
だらしない体型をしていても、
お金を持っている人はいます。
しかし、デブなお金持ちは、
今、お金持ちであるにすぎません。

長い目で見れば、
間違いなく資産を失います。

自分自身すら
管理できない人間が、
資産や仕事をコントロール
できるわけがない——。

それが、3000人を超えるミリオネアを
見てきた私が導き出した真実です。

賢いお金持ちは、
自己管理ができる人です。

体型に限らず、食生活、
パートナー選び、人づき合い、仕事……など、
あらゆる面で自分を律することができる。
だからこそ、
おのずとお金持ちの道を歩むことができ、
資産を築いてからも、
それを簡単に失うことはありません。

もうおわかりですね。

あなたが目指すべきは、
賢いお金持ちなのです。

はじめに

いきなりですが、質問です。
レストランのビュッフェ（食べ放題）で食事をすることになりました。
あなたは、どんな食べ方をするでしょうか？

元をとるために、お腹いっぱいになるまで食べまくる。
ちょっとずつ全種類を皿に盛る。
3回以上、料理を取りに席を立つ。
ローストビーフや寿司など、高価な食べ物を何度も取りに行く。

程度の差こそあれ、多くの人がこのような行動を取っているのではないでしょうか。
ひとつでも当てはまる人は、残念ながら、お金持ちにはなれません。
何を隠そう、かつての私も、ビュッフェでは同じような行動を取っていました。

「払った料金の元をとってやろう」とばかりに、皿の上に料理をてんこ盛りにし、料理が置かれたテーブルと食事をとる席の間を何度も往復していました。

そして、腹がパンパンになって苦しくなったところで、ようやく「ごちそうさま」。つまり、ビュッフェでは欲望のおもむくままに行動していたのです。

そんな当時の私の経済状況は最悪でした。

お恥ずかしい話ですが、私は競馬、パチンコ、マージャン、キャバクラ、ブランド品でカードローン地獄に陥り、28歳のときには借金が500万円まで膨れ上がりました。いちばん低いときの月収は13万円ぽっち……。自己破産寸前まで追い込まれた典型的な「ダメ人間」だったのです。

そんな自分に嫌気がさした私は、一念発起して借金を返済。ついには、34歳のときにお金に不自由しない状態である「お金のストレスフリー」を実現しました。その過程で、私はビジネスセミナーや異業種交流会などに積極的に参加し、お金持ちになった人から、お金に不自由しないためのノウハウや考え方を必死に吸収していきました。これまでお会いしてきたお金持ちや成功者といわれる人たちの数は3000人を超えています。

そして、数多くの賢いお金持ちとの交流を通じて気づいたことがあります。

ホテルやレストランのビュッフェで私と食事をともにしたお金持ちは、みんな「食べたいものを、食べられる分だけ無理せず食べる」という事実です。

食べ放題だからといって、料理を皿に山盛りにする人や、片っ端からすべての料理を載せてくる人はまずいません。料理を取りに行くのも1~2回程度。食べることに夢中になるよりも、同席する人との会話を楽しんでいます。実に、スマートな食事の仕方をしているのです。

「お金があるからがっつく必要がないのでは?」と思う人もいるかもしれません。たしかにお金持ちは、食費が自由になるので高価な料理を食べることもたまにはあります。

しかし、欲望に任せて高価なものをお腹いっぱいになるまで食べることはありません。

もちろん、なかにはブランド品を買い漁ったり、高価な料理を食べたりと、一時的に派手な生活をするお金持ちもいますが、そのような人は次第にお金から嫌われ、貧乏生活に逆戻りしていきます。私はそのような上辺だけのお金持ちもたくさん見てきました。

資産をずっと維持できる本物の賢いお金持ちは、食事に限らず、あらゆる面で自己管理が徹底しています。たいして使わないブランド品を買ってお金を浪費したり、仕事中にネットを見て長い時間をムダにすることもありません。

そして、もうひとつ大事なことがあります。

暴飲暴食をしてブクブクに太っている人もいません。本物の賢いお金持ちは、総じてスマートで健康的な体を維持しているのです。こうした自己管理ができている人は、不思議とお金に好かれ、どんどん資産を増やしていきます。

賢いお金持ちには、欲望のままに流されないための「絶対やらない哲学」があり、それを日々実践しているのです。

本書は、数多くのお金持ちにインタビューをしてきた私が、彼らに共通するその「哲学」を明らかにしたものです。

お金持ちになるための第一歩は、日々の習慣を変えること。

今からでも遅くありません。

お金持ちの「絶対やらない哲学」を身につけ、「お金に縛られない人生」を手に入れましょう。

田口　智隆

なぜ賢いお金持ちに「デブ」はいないのか？　目次

序章

自己管理だけで、お金の出入りはここまで変えられる！

第1章

賢いお金持ちは食事でこんなことを絶対しない

第2章

賢いお金持ちはこんなパートナーを選ばない

第3章

賢いお金持ちはこんなことにお金を使わない

第4章

賢いお金持ちはこういう人づき合いをしない

第5章

賢いお金持ちはこんな仕事の進め方をしない

一発判定！

あなたの「賢いお金持ち度」チェックシート

当てはまるものにチェック☑を入れ、その合計の数を左ページで確認しましょう。

- □ 「食べたくないもの」でもしっかり食べる
- □ 重要な話には夜の酒席を設けるようにしている
- □ 貯金を趣味にしている
- □ 住むなら断然「持ち家」だと思う
- □ 「快適さ」を求めるよりも「節約」に重きを置く
- □ 「この人とは付き合いたくない」と思ってもつき合ってみる
- □ いつも「普通の会社員です」と自己紹介している
- □ つねに居心地のいい人たちとつき合っていたい
- □ 何かのグループに所属して人脈を広げたい
- □ SNSで自分の実績をガンガン発信している
- □ 「不得意なこと」でも克服すべきだと思う
- □ 稼ぐなら、まず資格取得だと考えている
- □ 具体的な数字の判断より「勢い」や「ノリ」に重きを置いている
- □ メールには「即レス」するし、それは当たり前だ
- □ オンとオフの境は、きっちり分けている

判定結果

☑が3コ以下

「賢いお金持ち度」は高!!!

あなたは痩せ型ではありませんか?
本書で、さらに素養を磨いてください。

☑が4〜7コ

「賢いお金持ち度」は中!!

あなたは中肉中背ではありませんか?
本書で、足りないところを補いましょう。

☑が8コ以上

「賢いお金持ち度」は低!

あなたは太っていませんか?
このままだと
賢いお金持ちには程遠いでしょう。
でも大丈夫!
この本を読めば、賢いお金持ちに!

ブックデザイン　鈴木大輔・江崎輝海（ソウルデザイン）
イラスト　花くまゆうさく
編集協力　城村典子・高橋一喜

序章

自己管理だけで、お金の出入りはここまで変えられる！

賢いお金持ちに「デブ」はいない！

28歳の頃の私は、典型的なダメ人間でした。

当時、塾講師として働いていた私の月給は約50万円。20代後半の若造がもらえる給料としては申し分ありませんでした。

生徒たちからは慕われ、職場仲間にも恵まれ、仕事が本当に楽しかった。

ここまでなら充実した生活を送っていたといえるのですが、ひとつだけ大きな問題を抱えていました。

とにかくお金の使い方がルーズだったのです。

塾での仕事が終わったら、職場の後輩を誘ってキャバクラへ飲みに行くのが日課でした。何軒も飲み歩き、帰宅するのは明け方。

もちろん、勘定は先輩である私持ち。一晩で5万円、10万円が軽く飛んで行きました。

しかも、土日は決まって競馬。たいして勝てもしないのに、大金をつぎ込んでいました。高級ブランドの服も大好きで、いつもアルマーニのスーツを着ていました。

いくら50万円の月給を稼いでいても、こんな生活をしていたら、あっという間にお金は消えていきます。

気づいたときには、借金の額は５００万円！

「今が楽しければそれでいい！」とばかりに欲望に流された生活をしてきた結果です。


その頃の私は、「自己管理」という言葉とは、無縁の生活をしていました。

夜遅くまでキャバクラで飲み食いをしているだけでも健康に悪いのですが、とにかく食べたいものは、躊躇することなく食べ続けていました。

食事の内容も、「焼肉→ファストフード→焼肉→コンビニ弁当→寿司→ラーメン→焼肉→ファストフード……」というように、高カロリーのメニューばかり。「ご飯は大盛りにしますか？」と聞かれれば、迷わず「はい」と即答し、お腹がいっぱいになるまでたいらげていました。

その結果、もともと50キロ台でほっそりしていた私の体は、どんどん横に膨らんでいき、ついには90キロ台に突入。１００キロの大台が目前に迫るまで、ぶくぶくと太り続けていったのです。

５００万円の借金を抱えた「デブ」――。これが28歳のときの私の姿でした。

体重と資産は反比例する

「このままではまずい」

怠惰な生活を続けて、借金生活を送っていた私は、ついに焦り始めました。10枚所有していたクレジットカードは、すべてキャッシング限度額に達し、自転車操業で借金を返済することもままならなくなっていました。

取り立ての怖いお兄さんが、職場や自宅まで乗り込んできたらどうしよう……そんな不安にさいなまれ、私はついに借金のスパイラルから抜け出す覚悟を決めたのです。

このまま塾講師の仕事を続けていたら何も変わらないと思った私は、塾講師を辞めて、家業の保険代理店を継ぐことに。50万円だった給料は、一時的に半分以下になりました。

当然、生活は苦しくなりました。使えるお金がなければ節約するしかありません。キャバクラも競馬もブランドの服もやめました。それまで1日2箱吸っていたタバコもやめました。

毎日外食していた食生活もあらため、スーパーのタイムセールを利用するように。総菜や刺身が半額になる夜の時間帯をねらって買いに行きました。そうすることで、食費も食べる量も劇的に減らしたのです。

浪費をやめてシンプルな食生活を続けていると、大きな変化があらわれました。

ひとつは、お金が貯まるようになったこと。

もうひとつは、体重が落ちていったこと。

当たり前ですよね。ムダ遣いをやめて、食事の量も減ったのですから。

当時はなんとも思っていませんでしたが、あとになって振り返ってみると、この事実にこそ、お金持ちになるための原理原則が潜んでいることに気づいたのです。

それは、**「怠惰な生活をやめて自己管理ができるようになるとお金が貯まる」**という原理原則です。

節約生活を始めた私は、2年後には500万円の借金を全額返済し、少しずつ貯金を増やしていきました。その後は、投資でコツコツと資産を増やし、現在では「お金のストレスフリー」の生活を手に入れています。

現在の体重は59〜61キロ。私の身長（175センチ）を考えればベスト体重といえます。左の図は、私の体重と資産額の推移をあらわしたグラフです。見事なまでに体重と資産額が反比例の関係になっています。体重が落ちるにしたがって、資産額は増えていったのです。

これは単なる偶然ではありません。私は資産額を増やす過程で、多くのお金持ちを見てきましたが、**本物の賢いお金持ち、またはそうなる人に、不摂生なデブはいません。**ほとんどの人が、節制した食生活を心がけ、ベストの体重を維持しているのです。

ポイント

食生活の自己管理ができる人は、お金が増えていく

【体重と資産の関係】

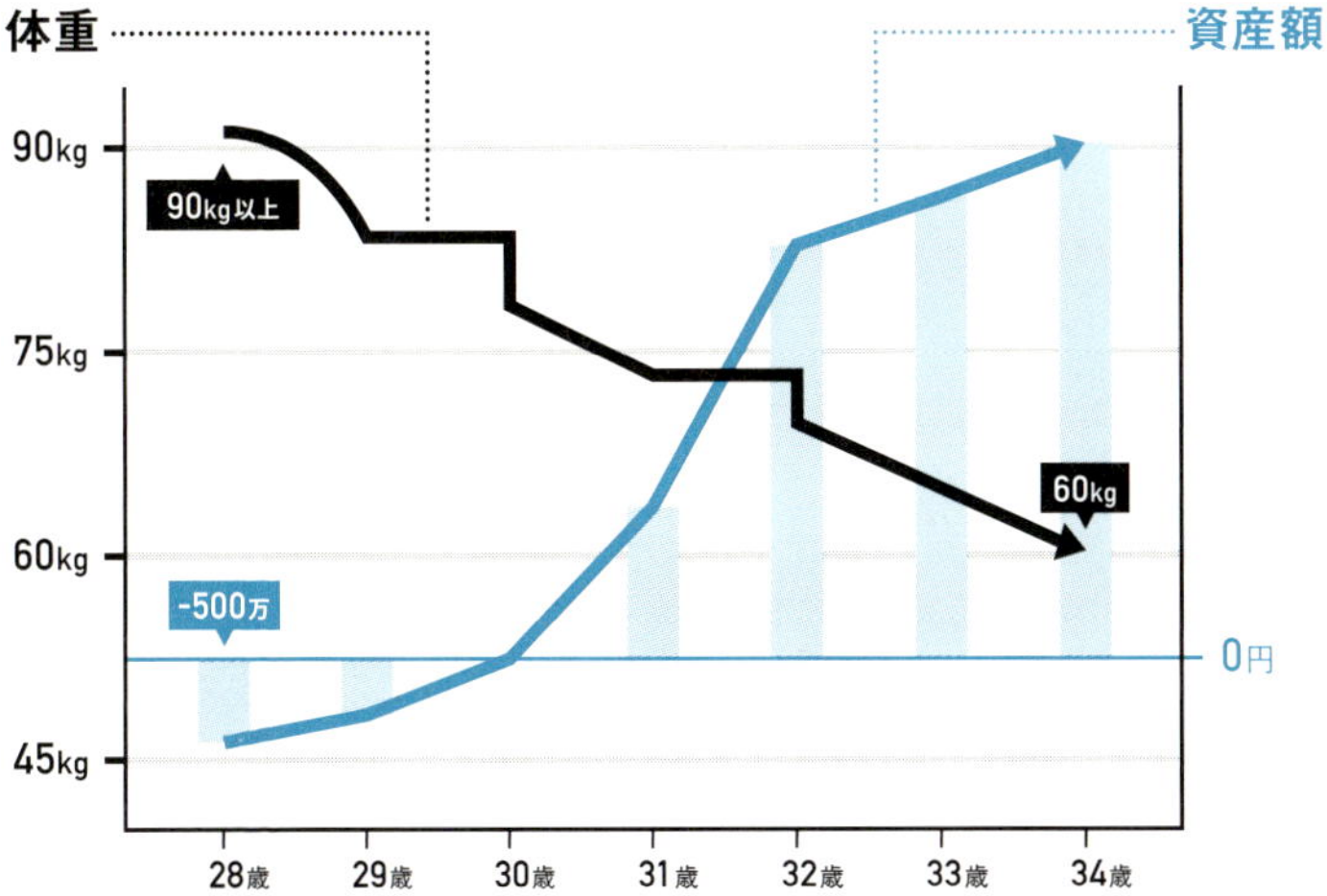

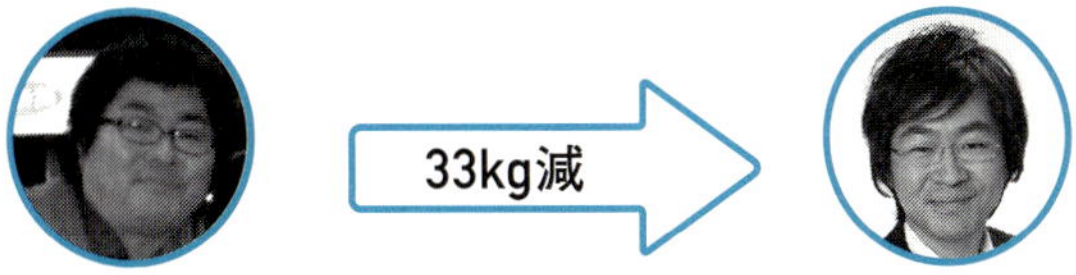

（2005年 体重93kg）　（現在 体重60kg）

- 体重はある程度の数字（標準体重）まで減ると安定する（＝増えなくなる）。
- 資産もある程度の数字を超えると安定して増えていく（＝減りにくくなる）。
- 体重は、急激なダイエットや極端な食事制限だとリバウンドしやすい。資産も、宝くじの当選やビギナーズラックなどによって一時的に増えたとしても、時間とともに減ってしまう。

賢いお金持ちは お金を使いっ放しにしない

デブで借金を背負っていた頃の自分を振り返ってみると、まったく自己管理ができていませんでした。

好きな時間に好きなものをたらふく食べ、目の前の食べ物やお酒はすべてたいらげる。そんな暴飲暴食を繰り返していました。

私は、この頃体重計に乗った記憶がありません。

「今、自分の体重が何キロなのか」を知ることなく生活していたのです。というよりも、自分の現在の体重を知るのが怖かったから、体重計に乗れなかったというのが本音でした。自分がデブである事実を受け止めたくなかったのでしょう。

体重が増えてデブになってしまう人のいちばんの問題は、「自分がどれだけの量を食べているか」、そして「自分の現在の体重がどのくらいなのか」をまったく把握していないことです。

毎日、食べ過ぎていること、徐々に太りつつあることはなんとなくわかっていても、**現実を見ようとしない**。だから、体重計に乗ることもない。ずるずると好き勝手に食べ続けて、気がついたときにはすでに取り返しがつかないほどに体重が増加している。これが、デブになる人の典型的なパターンです。

自分の食生活や体重の現実を見ない人は、ほぼ間違いなくお金の現実からも目をそむけます。

かつての私もそうでした。

自分の欲望のままに散財する生活を送っていたときは、毎月の給料の額は把握していても、飲食代やギャンブルにどれだけのお金を使っているかについては正確に把握していませんでした。

もちろん、「今日も使い過ぎたなあ」という意識はあるのですが、1カ月にいくら使っているのか、正確な金額まではつかんでいませんでした。手元にあるだけ使う。それが当時の私のお金の使い方でした。

資産額についても同様です。

自分の通帳のなかにいくら入っているかについて、私は無頓着でした。それは借金生活になってからも変わらず、全体でいくらの借金を背負っているのか、まったく知りませんでした。請求が来るので、さすがに毎月の返済額はわかっていましたが、複数のクレジットカードを使っていたこともあり、借金額の全貌を把握できていなかったのです。

というよりも、自分にどのくらい借金があるのか、怖くて知りたくなかったというのが本音です。

太っていることから目をそらし、体重計に乗らなかったのと、まったく同じ構図ですね。

お金持ちは現在の体重を即答できる

一方、**お金持ちになれる人は、あらゆる面で自己管理が徹底しています。**

通帳に入ってくる金額はもちろんのこと、出ていくお金についてもきちんと把握しています。

「何にいくら使ったか」「今月はいくら使ったか」を数字でつかんでいる。たまにはムダ遣いがあるかもしれないけれど、何にいくらムダ遣いをしてしまったか、ということまで把握しています。

当然、そういう人は、自分の資産額もきっちり把握しています。現在、通帳のなかにいくら入っているのか、株や不動産など、どれだけの資産を保有しているのか、数字で答えることができるのです。

このように、お金の管理がきちんとできていれば、欲望のおもむくままに散財してお金を減らす、ということはありません。

賢いお金持ちは、お金と同じように食生活についてもちゃんと把握しています。

自分は1日にどのくらいの量を食べたか、あるいはどのくらいのカロリーを摂取したかを意識しながら食事をしています。それと同時に、毎日のように体重計に乗っていますから、自分の現在の体重やベスト体重をきちんと数字で即答できるのです。

だから、暴飲暴食をしてデブになるようなことは決してありません。

体重の増減と資産額の増減は、ともに「自己管理ができているかどうか」に大きく左右されます。

賢いお金持ちは、日々の自己管理を徹底しているため、スマートな体型を維持できると同時に、確実にお金を増やすこともできるのです。

急に「デブ」になる人はいない

お金持ちになる最大の秘訣は、日々の自己管理にあります。

どんなに食べても2～3日で10キロも体重が増えることはありません。つまり、急にデブになる人はいない。長い年月をかけて徐々にデブになっていくのです。

お金も同じで、宝くじで大当たりすることでもなければ、急にお金持ちになることはありません。1カ月で増える預金額はたかが知れています。

デブになるのも、お金持ちになるのも、必ずプロセスがあります。

どんな食べ物をどれだけ食べるか。何にいくら使うか。そういった毎日の積み重ねが、最終的に体重や預金額といった結果としてあらわれるのです。

したがって、お金持ちになりたければ、「これはしない」というモノサシを身につけて、日々の自己管理を徹底できる体質に変える必要があります。

ポイント

体重と預金額を把握している人がお金持ちになれる

賢いお金持ちは体重計に乗ることを怠らない

私の知り合いの鈴木さん（仮名）のお話です。

数年前に私のセミナーに参加してくださった彼の第一印象は、「うわあ、ずいぶん大きな人だなあ」というものでした。といっても、身長はそれほど高いわけではなく、横幅が広かったのです。現在の私の体型であれば、２人分は彼のなかにすっぽりと収まりそうなくらい。つまりは、正真正銘の「デブ」でした。

当時の鈴木さんは、サラリーマンとして働いていたものの、なかなかお金が貯まらず、むしろ貯金を食いつぶすような生活を送っていました。仕事の先行きについても不安に感じていたようで、「何をどうしたらいいかわからない」と愚痴をこぼしていたのを覚えています。

そんな彼にアドバイスしたのは、「お金のノート」をつけること。

「お金のノート」については、これまで著書や講演会などで繰り返しお伝えしてきました。「お金のノートをつけてからお金が貯まるようになった」「お金のノートで人生が変わりました」といった声が続々届く、とても反響の大きいノウハウです。

お金のノートのつけ方は、とてもシンプル。毎日、財布のなかにあるレシートを取り出して、いくら使ったかをノートに書き出す。これを毎日、続けるだけです。

お金の出入りを数字で書き出すと、自分の消費行動を把握することができます。自分が何にどれだけのお金を使っているか、いかにムダな出費をしていたのかが一目瞭然になるからです。

たとえば、毎朝、なにげなく買っていたコーヒー代の総額が、毎月1万円を超えていたということがわかれば、自然と節約モードになりますよね。

これが、お金のノートの効果です。自らの消費行動を客観的に眺めることによって、一時的な感情に流されずに、お金の支出をコントロールできるようになります。

「デブ」の鈴木さんとは、そのセミナー以来会っていなかったのですが、先日、ある懇親会に参加したときに、偶然再会しました。

「田口さん、お久しぶりです」

話しかけられたとき、私はその相手が誰なのか、すぐには判別できませんでした。「数年前に◯◯のセミナーでお会いした鈴木です」

そう言われても、私は思い出せませんでした。なぜなら、デブだった彼は、スリムな好青年に変身していたからです。

しかも、差し出された名刺には、「代表取締役」とあります。1年前に独立・起業し、事業も軌道に乗っているというではありませんか!

私は、にわかには信じられませんでしたが、たしかに彼は数年前に出会った「デブ」の鈴木さんだったのです。

一発逆転の人生を夢見ることはやめよう

よくよく話を聞いてみると、鈴木さんは、私の「お金のノートをつける」というアドバイスを素直に実践してくれたそうです。

すると、自分がどれだけムダ遣いをしていたか客観的に把握できるようになり、ムダなものを買わなくなりました。特に、食費がとんでもない額になっていたことに驚いたそうです。

ムダ遣いをやめれば、当然、食べる量が減る。食べる量が減れば、体重が落ち始めます。鈴木さんは、そのことがよほどうれしかったようで、食事のカロリー計算をしたり、健康のために、食べるものを吟味するようになり、自分の食生活を管理するようになったのです。そうすると、ますます体重は落ちていき、毎日体重計に乗るのが楽しみになったと言います。

その結果が、現在スリムに変身した鈴木さんです。数年前より25キロも軽くなったそうです。

そして興味深いのは、体重が落ちるのに反比例して、預金額が増えていったということ。ムダ遣いをやめるだけでも、確実にお金は貯まっていくものです。貯金ができる体質に変わった鈴木さんは、仕事でも自信を持てるようになり、増やしたお金を元手に自分で会社を立ち上げました。

現在も、お金のノートをつけることと、体重計に乗ることは、毎日の習慣になっているそうです。

「お金のノートをつけ始めて人生が変わりました！」と笑顔で話す鈴木さんの表情からは、充実感があふれ出ていました。

「仕事も人生もうまくいかない」「お金がもっとあったらなあ」などと愚痴を言っていても、何も変わりません。「一発逆転の人生」というのは夢物語です。

満足いくだけのお金を稼ぎ、幸せな人生を送っている人は、地道に日々の習慣を変えることによって、過去の自分と決別したのです。

賢いお金持ちになるには、小さな一歩を踏み出すことが大切です。まずは体重計に乗ることから始めてみましょう。

ポイント

日々の小さな習慣の積み重ねが、お金持ちになる近道

第1章

賢いお金持ちは食事でこんなことを絶対しない

「食べたくないもの」は食べない

賢いお金持ちは、自分が「食べたくないもの」を口にすることを避けます。

「食べたくないもの」といっても、「ニンジンが嫌い」「ピーマンが苦手」といった単なる好き嫌いの話ではありません。

「自分の体が欲していないものは食べない」という感覚です。

たとえば、「ファストフードはカロリーが高いから食べない」と思っているなら、「まわりの人が食べているから」「新商品が話題だから」という理由で、ファストフードを食べることはありません。

ラーメンを食べる場合でも、「健康に悪そうだから、スープはすべて飲まない」と決めているなら、一緒に行った人がスープまで飲み干していても、しっかりスープは残します。

焼肉の食べ放題に行っても、「お腹いっぱいになるまで食べ尽くそう」「全種類、食べてやろう」という発想はしません。自分が食べたいと思っているものを、適度な量を守って食べます。

つまり、ただなんとなく「目の前に出されたから」「おいしそうだから」「まわりの人が食べているから」という理由で、食べ物を口に入れません。

食べるものについての自己管理ができているのです。

食べたいものの「基準」を持つ

そうはいっても、「お腹が空いていれば食べ過ぎてしまう」「おいしそうなものは我慢できない」という人もいるでしょう。

このように自己管理ができない人に共通しているのは、「基準が不明確」ということです。

どんなものを食べて、どんなものを食べないのか。

どの店で食べて、どの店では食べないのか。

どのくらいの量を食べるのか。

毎日、何回、何時に食事をするのか。

このような食に関する基準がないから、自分の食欲やまわりの状況に流されて、必要以上に食べ過ぎてしまうのです。

実はお金も同じです。「月にいくらまでなら使ってもOK」「これは買わない」といった基準がなければ、どんどんお金は出ていきます。

もちろん、基準は人によって異なりますが、ある賢いお金持ちは、次のような明確な基準を設けています。

◎1日1800キロカロリー以上は摂取しない
◎A店のハンバーガーは食べないが、B店のヘルシーなハンバーガーは食べる
◎ラーメンのスープは飲み干さない
◎ご飯のおかわりはしない

このように食に関する基準が明確になっていれば、目の前の料理が自分の「食べたいもの」であるか、それとも「食べたくないもの」であるか判別できるようになり、結果的にスマートな体型を維持することができます。

365日外食でも、基準があれば太らない

なかには、「自分は結婚していないので、外食ばかり。だから、太っても仕方ない」という人がいるかもしれません。

しかし、必ずしも「家で手料理を食べているから健康的」とは限りません。

外食ばかりの生活でも、自分の基準さえ明確になっていれば問題ありません。私の知り合いの経営者は、365日、毎日外食をしていますが、スマートな体型を維持しています。もともと食が細いわけではなく、しっかり三食、外で食べています。それでも太らないのは、「自分の食べるべきもの」が決まっており、毎日、体重計に乗ることを怠らないからです。

ポイント

賢いお金持ちは、食べるものの基準が明確

「安いから」という理由で食べ物を選ばない

昔、私が太っていたときは、毎日のようにハンバーガーや牛丼などのファストフード店を利用していました。安くて早い、しかも、おいしくて腹が膨れますから、たいへん重宝していたわけです。

今の日本には、そこら中にファストフード店があふれています。リーズナブルなのがファストフードの特徴ですから、家計も助かるでしょう。

しかし、一般的にファストフードの食べ物は、脂分が多く、脂肪がたまりやすい。また、栄養も偏ります。

それに、安いから、ついつい食べ過ぎてしまいます。

ファストフード店に恨みはありませんが、極端に安い食べ物には、リスクが潜んでいることが多いのです。

賢いお金持ちになる人は、「安いから」という理由だけで食べるものを選びません。自分の体が欲しているものに耳を傾けて、本当に食べたいものを口に入れます。

具体的にいえば、**量よりも質を重視します**。たとえば、同じ値段であれば、焼肉の食べ放題ではなく、質のいい肉を数枚食べるのです。

これは私の経験則であり、科学的な根拠はないのですが、質の高い食べ物は、質が低くて安い食べ物よりも、少量で満腹になる傾向があります。

満腹感というのは、物理的に胃袋にどれだけものを積め込んだかだけではなく、どんな場で、どんな人と、どんなおいしいものを食べたかという精神的な部分も大きく左右するのだと思います。

何も高級なものを食べなさいと言いたいわけではありません。

たくさんの量を食べたからといって、本当の意味での満足感を得られるとは限らない、ということです。お腹が苦しくなるまで食べて、体調を崩しては元も子もありませんよね。

もちろん、お金持ちもファストフードを食べることはあります。たまに食べるファストフードはおいしいものです。ただ、そのときもできるだけ健康的なお店や商品を選び、回数も限定したりするなど、明確な基準を持っています。

自炊のほうがお金も貯まり、健康になる

そうはいっても、「今は貧乏だからファストフードに頼ってしまう」という人がいるかもしれません。

しかし、食費を安くすませる方法は、ファストフードだけではありません。

自炊をしたほうが、確実に食費は少なくなります。

私も借金生活から抜け出そうと必死になっているときは、ファストフード店で食べるのをやめて、自炊を基本としていました。

お米を炊いて、ちょっとした惣菜を買うだけでも、ファストフード店で食べるよりも安くすませられます。

また、自炊を始めると、体もみるみるスリムになり、イライラすることもなくなりました。自炊によって健康的な生活を送れるようになったのです。

当たり前ですが、幸せな人生を送るためには健康は必要不可欠です。

どんなにお金を稼いでも、病気になって好きなことにお金を使えないのでは本末転倒。

体が資本という人生の大原則を忘れてはいけません。

賢いお金持ちは、贅沢な高級料理を毎回食べるようなことはしませんが、一方で、食費を極端に削ることもしません。

スーパーで食材を買うときも、「安いから」という理由だけでは選びません。

一般的に安い商品は「安かろう、悪かろう」になりがちですから、安いものばかり選んでいると、健康面で悪影響の出る可能性があります。

現在の自分の体は、過去に食べたものでつくられています。ですから、せっかく節約しても、あとで病気になって、治療費がかかってしまっては意味がありません。

賢いお金持ちは、値段ではなく、「こっちのほうが添加物が入っていなくて安全だ」「こっちのほうが鮮度はいい」といった基準を持って、トータルで買うべき商品を選んでいます。

食費を極端に削るくらいなら、ムダな外食や飲み会を減らしたほうが、ずっと賢いといえるでしょう。

「安かろう、早かろう、うまかろう」の誘惑に負けてしまう人は、お金や健康の管理はもちろん、仕事や生活全般に関しても、どこかいい加減になっている人が多いものです。

ふらっとファストフード店に引き寄せられてしまったら、自問自答してみましょう。

「なぜ、私はファストフードを選んでしまったのか?」と。

「安いし、早いし、おいしいから……」という理由しか出てこなければ、食に関する明確な基準がなく、思考停止に陥っている可能性が高いでしょう。

まずは、自分の体がどんなものを欲しているか、自分自身と会話して聞き出してみることが大切です。

ポイント

賢いお金持ちは、「体が資本」であることを理解している

朝食は絶対に抜かない

自己管理ができている人は、毎日、規則正しい食生活をしています。

朝、昼、晩の食事も、だいたい決まった時間に食べます。ランチを夕方にとったり、夕食を深夜にとったりすれば、食生活のリズムが乱れて、仕事や生活のリズムまでも狂ってしまうからです。

賢いお金持ちは、リズムが崩れることを嫌います。

リズムが狂うと、平常心を保ち、集中力を発揮するのがむずかしくなります。当然、仕事の効率や成果にも悪影響が出てくるでしょう。

大リーグで活躍するイチロー選手も、毎日同じルーティンを繰り返すことを習慣にしています。

毎朝、同じ時間に起床し、同じ時間に球場に入り、同じ順番で練習をこなし、バッターボックスでも同じ動作を繰り返す。このようなルーティンを大事にすることによって、自分の能力を最大限に発揮できるのです。

賢いお金持ちが、リズムを崩さないために特に意識しているのは、**朝ご飯をきちんと食べること**です。一日のスタートである朝食が乱れると、一日中リズムが崩れてしまうので、絶対に抜くことはありません。

最近では朝食抜きの健康法やダイエットを提唱する専門家がいますが、私の経験則でいえば、朝食を抜くのはデメリットのほうが大きいと感じます。また、私が知っているお金持ちは、ほぼ間違いなく朝食をないがしろにしません。

私は、昔から毎朝6時に朝食をとるのが習慣になっています。

お金がなく借金を返すのに必死だった頃の私は、毎朝、野菜ジュースを飲んでいました。節約する意味もあったのですが、健康な体を取り戻すためでもありました。

現在では、おにぎりと味噌汁、野菜サラダが定番メニュー。出張するときも、この定番メニューは変えません。

ちなみにイチロー選手は、毎朝同じ時間にカレーを食べているそうです。

朝食の内容は人それぞれで、何を食べてもいいと思いますが、大切なのは、決まった時間に、決まった量を食べることです。

朝食は仕事モードに切り替わるスイッチ

まず、決まった時間に朝食をとることは、眠った状態の体にスイッチを入れる役割を果たします。

体の仕組みの面からいえば、朝起きた直後は血糖値が低く、内臓や神経、脳の働きが低下した状態です。こうした機能を正常に戻し、意識と体を目覚めさせるのが、朝食の役割です。朝食を抜くと体にエネルギーが行き届かず、体温と血糖値が上がりません。そうなると、目覚めのボーッとした状態が続き、仕事の能率が上昇しませんし、集中力も低下します。

反対に、6朝食を食べると、「さあ、今日も頑張るぞ」と気持ちが高まります。

一日のスタートを気持ちよく切れるかどうかで、その日の仕事の効率や成果も変わってくるでしょう。

朝食に決まった量を食べると、カロリーを管理しやすいというメリットがあります。

自分にとって快適な量が決まっていれば、ムダに食べ過ぎることはありませんし、体重を維持しやすくなります。また、朝、適度に食べ物を胃に入れておくことで、昼食のときに空腹からの食べ過ぎを防げます。

「朝は食欲がない」「食べ物がのどを通らない」という理由で、朝食を食べる習慣のない人がいるかもしれません。そういう人は、まずは負担の少ない飲み物やフルーツから始めてみてはいかがでしょうか。

朝の習慣を変えることで、充実した一日に変わるはずです。

ポイント

決まった時間に、決まった量を食べる

20時を過ぎたら食事はとらない

「夜遅くに食事をすると太る」という話は、あなたも聞いたことがあるでしょう。
たしかに医学的なことをいえば、夜遅くに炭水化物や脂肪分の多い料理を食べると、あとは寝るだけなのでエネルギーとして消費されず、脂肪として体内にためこまれてしまいます。

知り合いのお医者さんからも、「20時以降は食べないほうがいい」と聞き、私も20時以降に食事をとらないようにしています。

したがって、基本的に20時以降に会食をセッティングすることはありませんし、仮に飲み会に行って遅くなっても、20時以降はソフトドリンクに切り替えるようにしています。

やむを得ず20時以降に食べたときは、必ず朝ご飯を少なくするなどして調整することを忘れません。

「20時以降は食べない」というルールを自分に課してからは、体重も一定していますし、体調もすこぶるいい。私のまわりのお金持ちも、夜遅くにご飯を食べないことを徹底している人が少なくありません。

仕事のパフォーマンスの高い人は夜遅くに食べない

「20時以降にご飯を食べない」ことは、健康や体重管理の面でたいへんメリットがあると感じていますが、それと同じくらい大切なメリットがあります。

それは、翌朝、快適な一日のスタートが切れるということです。

前項で、「賢いお金持ちは、毎日のリズムが崩れるのを嫌い、朝食をとる時間を大切にしている」という話をしました。

夜遅い時間に食事をとると、必然的にベッドに入る時間が遅くなり、それにともない起床時間と朝食の時間も遅くなる傾向があります。つまり、一日のスタートダッシュで出遅れてしまう結果になるのです。

また、夜遅い時間に食べると、朝食の時間にお腹が空かず、一日のペースが乱れてしまう恐れもあります。

当たり前ですが、**夜と朝はつながっています**。仕事で安定したパフォーマンスを出すためには、朝の時間も大切ですが、それ以上に夜も決まった時間に食事をとることがカギを握っているのです。

「朝起きるのが苦手」「起床時間がいつもバラバラ」という人は、夜を基準に考えてみてください。

前日、夜遅くにご飯を食べたり、飲みに行ったりしていれば、朝の時間を管理することはむずかしくなります。夜の時間の管理から始めることで、朝のリズムも整い、仕事でも安定したパフォーマンスが出せる毎日を過ごすことができるでしょう。

ポイント

朝のリズムは夕食の時間が握っている

ランチのお店は〝浮気〟をしない

「ランチはいろいろなお店を新規開拓するのが好き」という人がいるかもしれません。好奇心をもってさまざまなお店にチャレンジすることは楽しい面もありますから、否定はしません。

ただ、自己管理能力の高いお金持ちは、毎回、お店を変えることはしません。複数のお気に入りの飲食店をローテーションで使っている傾向がきわめて高い。つまり、ランチのお店については、〝浮気〟をしないのです。

なぜなら、自分の食べる量を管理しやすいからです。

新しいお店を開拓するのは楽しいですが、初めてのお店のメニューは食事の量がどのくらいなのか頼んでみないとわかりませんし、カロリー計算をするのもむずかしい。ついつい食べ過ぎてしまう恐れがあります。

しかし、何度も行った勝手知ったるお店であれば、「この定食屋の、このメニューは、このくらいのカロリーだな」と察しがつきますから、カロリーや体重の管理もカンタンにできます。

私の場合、自宅近くでランチをとるときは、決まってある定食屋へ行きます。開店時間の11時ちょうどに入り、いつもと同じカウンターの席に座って、焼き魚定食を頼み、「ご飯は少なめで」と店員さんに頼みます。

メニューには、カロリーが表示されているので安心して食べられます。

もちろん、毎日のように同じお店で同じメニューを食べることは、おすすめしません。それこそ、カロリーが高い定食を毎日食べていたら逆効果です。また、栄養のバランス面でもよくないでしょう。

だから、理想をいえば、**行きつけのお店を5~7つ持つこと**。

魚ならこのお店、肉ならこのお店、イタリアンならこのお店……という具合にバリエーションがあるといいでしょう。

1週間、毎日異なる店舗のメニューを食べれば、栄養のバランスが偏る心配はありません。

快適なランチタイムで午後の仕事がはかどる

ランチで行きつけのお店をつくるメリットは、体重管理ができることだけではありません。行き慣れたお店での快適な環境は、仕事の効率や成果に影響します。

ランチはおいしいに越したことはありませんが、「おいしさ最優先」というのは、少し問題があります。

あくまでも、**「ランチは仕事の合間の休憩時間」**ということを忘れてはいけません。いかにストレスなく、リラックスして過ごせるか、そして午後の仕事に向けて好スタートを切れるかが重要になります。

行列の出来ているお店に興味本位で並んだり、初めてのお店で落ち着かない時間を過ごすのは、適切なランチタイムとはいえません。

先ほど紹介した、私が毎週のように通っている定食屋では、いつも同じ席に座って、同じメニューを頼みます。

だから、私が「ご飯少なめで」と伝えるのを忘れると、店員さんが「お客さん、今日はご飯少なめでなくてもいいですか？」と向こうから聞いてくれます。

それくらい行き慣れている空間だと、ストレスなく快適なランチタイムを過ごせるので、午後の仕事でも好スタートを切ることができます。

ポイント

行きつけのお店をつくり、同じメニューを頼む

食事のメニュー選びで迷わない

ここで質問です。

あなたは、食事をオーダーするとき即決するほうでしょうか？

それとも、じっくりと吟味するほうでしょうか？

結論からいえば、メニューを即決できる人は、自己管理能力が高く、お金持ちになりやすいといえます。私がお金持ちの人と一緒にランチに行くと、みんなパッパッと注文を終える。あれこれ悩むお金持ちはいないといってもいいでしょう。

食事を即決できるということは、選ぶ基準が明確になっている証拠です。

たとえば、「カロリーを考えて肉よりも魚を選ぶ」「丼ものよりも品数の多い定食を選ぶ」といった判断基準が明確になっているから、迷わずに選ぶことができるのです。

一方、メニューを前にして、あれこれと悩むのは、明確な基準がない証拠。「隣の人の食事がおいしそう」など様々な要因に惑わされていると、なかなか決められません。

お金が貯まる人には明確な判断基準がある

「たかがメニュー選びではないか」と思うかもしれませんが、食事の選択基準を持っていない人は、たいてい仕事や生活の面でも基準を持っていないものです。

お金が貯まらない人も、基準が明確でないことに原因があります。

たとえば、書籍やセミナーで「お金を貯めるには支出を減らすことが第一である」と学んで、実践し始めたとします。

しかし、知り合いが「ＦＸで儲けた」という話を聞いて、自分もＦＸに手を出してしまえば、「支出を減らす」ことは後回しになってしまいます。「支出を減らす」ことを判断基準としていれば、ＦＸに心を奪われることはないはずです。判断基準が明確でない人は、次々に別の投資方法に目がくらんで、結局、お金を増やすことができません。

ダイエットが続かない人も同じです。あるダイエット法を気に入って実践し始めたのに、別のダイエット法に目移りしてしまう人は、結局、さまざまなダイエット法をかじるだけで終わり、肝心の体重は減りません。

独立・起業でなかなか成功しないケースも、自分がやりたいことの明確な基準がないままに始めてしまうと、いろいろな情報に惑わされ、迷走することになります。

貯金もダイエットもビジネスも、自分の判断基準に合ったものをコツコツとやり続けた人が成功しています。

「継続は力なり」は、どんな世界にも通用する成功法則です。そして、継続するには、明確な基準が必要不可欠です。それがなければ、あれもこれもと迷走するばかりです。

食事のメニュー選びは、判断基準を身につける絶好のトレーニングの場です。賢いお金持ちを目指すなら、メニュー選びの基準を明確にすることから始めてみましょう。

ポイント

「継続は力なり」を実践するには、明確な基準が必要

重要な話は夜の飲み会ではしない

お酒は人間関係の潤滑油ですから、仕事の関係者との距離を近づけるために、飲み会や夜の会食を活用している人は多いでしょう。ほろ酔い気分でワイワイ騒ぐのは楽しいですよね。私も嫌いではありません。

しかし、「重要な仕事の話をしたい」「これからビジネスにつなげたい」という場合、お酒の力に頼ってはいけません。

ビジネスに関連した会食をするのであれば、なんらかの成果を生まなければ意味がありません。少々ドライな考え方かもしれませんが、相手と自分の貴重な時間をともにするわけですから、「ああ、楽しかった」「料理がおいしかった」だけでは、ビジネスパーソンとして失格です。

ビジネスの会食の目的は、会食そのものではありません。「会食のあとに、どんな成果を出せるか」なのです。

そのような観点からいえば、夜の飲み会は、非常に成果を出しにくい。お酒が入ってしまうと、どうしても仕事の内容よりも、「その場の楽しさ」が優先されがちです。また、酔った勢いで話したことは、相手が覚えていないこともありますし、大風呂敷を広げているだけ、口約束で終わってしまうというケースもあります。

このような場合、仕事の成果には結びつきません。自己管理能力が低かったかつての私も、散々お酒の席でこのような失敗をしてきました。

私がまわりのお金持ちから学んだことは、重要な仕事の話をするときや、これから仕事の成果につなげたいという場合は、夜ではなく、昼の会食を活用することです。いわゆる「パワーランチ」ですね。

昼であれば、お酒が入ることはまずありませんから、きっちりと仕事の話をすることができます。いい加減な返事をされることや、口約束だけで終わる可能性もきわめて低い。確実に次へつながる話ができるのです。

また、夜の会食に比べて、コストパフォーマンスが圧倒的に高いこともメリットのひとつです。料金の面で安くすみますし、夜のようにグダグダと時を過ごすことも、二次会に突入することもありません。おまけに夜に比べて摂取カロリーを抑えられます。

どんな仕事の話でも、たいていは1時間もあれば十分に伝えられます。仕事の話をパッと短時間ですませて、午後の仕事に戻っていく。賢いお金持ちは、そんなスマートな時間の使い方をしています。

将来につながるような重要な話は、夜ではなく、昼にするのがベストです。

二次会は百害あって一利なし

夜の会食でお酒を飲む場合でも、私が知っているお金持ちのみなさんは、二次会には参加しません。一次会でサクッと帰る。

なかには、1時間ほどで「みなさんは楽しんでください」と言いながら、お金を置いて帰る経営者もいます。「社長の自分がいると、参加者が気を遣って楽しめないだろうから」という心配りでもありますが、**何よりもお酒を飲みながらだらだらと時間を過ごすことに価値を置いていないのです。**

借金を背負っていた塾講師時代の私は、毎回のように朝まで飲み明かしていました。二次会どころか、三次会、四次会もざらでした。

しかし、今振り返ってみると、**二次会は百害あって一利なし**。余計な出費がかさみますし、終電を逃せば、タクシー代までかかります。おまけに、深夜まで飲食することで確実に太ります。

二次会で話した内容などは、くだらないバカ話ばかりで、自分も相手も覚えていません。酔っぱらった勢いで失言をして、相手との関係が悪くなることさえあります。

「飲み会はビジネスの成果につながらない」という前提で考えれば、二次会は無意味としか言いようがありません。

仕事関係者と良い関係を築きたいのであれば、一次会だけで充分なはずです。

ポイント

パワーランチで仕事の成果を出そう

冷蔵庫の食材を腐らせない

あなたの家の冷蔵庫を開けてみてください。
賞味期限が切れた食材、いつ買ったかわからない調味料、腐りかけの野菜などは入っていませんか。

冷蔵庫の中身は、自己管理能力を測る絶好のバロメーターです。

整理整頓されていない、あるいは不要なものが入っている冷蔵庫は、自己管理能力が低い証拠。

冷蔵庫のなかに何が入っているか把握していなかったり、「安いから」といって特売の商品を買い込んだり、賞味期限までに使い切れなかったりすると、どんどん冷蔵庫のなかにモノがたまり、乱雑になっていきます。

一事が万事というように、**自分の家の冷蔵庫を管理する能力が低い人は、仕事でも管理する能力が低い。**

たとえば、段取りが悪くてムダな作業をしてしまったり、スケジュール管理が甘くて締め切りに間に合わなかったり、デスクまわりが乱雑で必要な書類を紛失してしまったりといった具合です。

お金が貯まる人は、冷蔵庫の中身を把握している

一方、自己管理能力が高い人は、冷蔵庫のなかに何が入っているか、つねに把握しています。だから、計画的に食材を使い切ることができ、賞味期限を切らしてムダにすることはありません。

このような人は、**仕事も段取りよく行い、ムダがありません**。

冷蔵庫のなかに食材がぎっしり入っていても、管理ができていれば問題はありません。理想をいえば、冷蔵庫のなかは、その日使い切る分だけ入れておくこと。そうすれば、賞味期限切れになるといったムダはなくなりますし、賞味期限が切れそうだからといって、あわててドカ食いをすることも避けられます。

近所にスーパーがないようなエリアに住んでいれば別ですが、最近は24時間営業のスーパーもありますし、コンビニでたいていの食材は手に入ります。買いだめしなくても問題はないでしょう。

冷蔵庫の中身を把握、管理できていない人は、お金も貯まりません。

毎日開く冷蔵庫の中身さえきちんと把握できていない人は、きっと現在、自分がどれだけの貯金や借金があるのかを把握していませんし、何にいくら使ったかも押さえていないことでしょう。

「冷蔵庫の中身が、自己管理能力のあらわれであること」を肝に銘じておきましょう。

ポイント

冷蔵庫の中身が自己管理能力をあらわしている

「ながら間食」はしない

「太りたくなければ、間食をしない」というのは常識ですよね。

しかし、私は間食には、「良い間食」と「悪い間食」があると考えています。

まずは「悪い間食」から。

悪い間食は、小腹がすいているからといって、テレビを見たり、インターネットをしたりしながら食べる、いわゆる「ながら間食」です。

これこそ自己管理能力の低い人がやってしまう食べ方で、欲望のおもむくままに空腹が満たされるまで、あるいはおやつがなくなるまで食べてしまいます。

借金まみれのデブだった頃の私も、テレビを見ながら、買いだめしておいたスナック菓子をすべて食べ切るような怠惰な生活をしていました。

このような間食は、必ず太る原因になりますし、栄養のバランス的にもよくありません。

「3時のおやつ」は理にかなっている

では、「良い間食」とはなんでしょうか。

それは、**時間と量を決めた間食です**。

昼食と夕食の間に、どうしても小腹が空くことがありますよね。空腹のままで時間を過ごすと、イライラしてきますし、仕事に集中できません。

仕事の効率を落とさないためにも、間食は効果的な対処法だと思います。「3時のおやつ」という習慣が昔からあるのは、理にかなっているのです。だから、どうしても小腹が空くという人は、むしろ間食をとるほうがよいでしょう。


そのときのポイントは、時間を決めて食べるということです。

15時と決めたら15時に食べる。

間食でいちばん怖いのは、三食のリズムが崩れてしまうことです。

たとえば、夕食直前に間食をすれば、20時までに夕食を食べられなくなり、リズムの乱れは翌朝にも響きます。

当然ながら、量も大切です。間食ＯＫだからといって、スナック菓子を一袋食べてしまっては、体重管理も自己管理もできません。小腹を満たすだけの適度な量をとるのが大切です。

いちばん理想的なのは、**間食で食べるものと量を固定すること**。ヨーグルトでもミックスナッツでもかまいませんが、間食はできるだけ同じものを同じ量だけ食べる。そうすれば、つい食べ過ぎたり、カロリーの高いものを摂取したりする危険性がなくなります。

ちなみに、私は、間食を食べる習慣はありませんが、どうしても小腹が空いたときは、15時くらいにバナナを１本食べます。それ以上のものは口にしません。

なお、間食をしたら、白米を減らすなど、夕食の量を少し減らすことを忘れないようにしましょう。

ポイント

間食は決まった時間に、決まった量にする

大事な相手をチェーン店には連れて行かない

地方都市に住んでいるあなたは、大事なビジネスパートナーになるかもしれない相手と、地元で会食をすることになりました。

さて、あなたなら、その人をどんなお店に連れて行きますか。

このとき、どんなお店を予約するかで、その人が将来、お金持ちになれるかどうかがわかります。


全国どこにでもあるチェーン店を選んだ人は、お金持ちになれません。

チェーン店そのものが悪いわけではありませんし、私も普段、全国チェーン店を使うことはあります。

ただ、もし私が地方に住んでいるのなら、大切な相手をチェーン店に連れていくことはありません。なぜなら、チェーン店のメニューは、全国どこにいても食べられるものばかりだからです。

お金持ちになれる人は、地元の特産を食べさせてくれるようなお店を予約します。

私自身、地方へ講演などで出かけたときに、たまに懇親会や会食に招かれることがありますが、お金持ちや成功されている方は、その土地でしか食べられない特産がウリのお店に連れて行ってくれます。高級店とは限らず庶民的なお店であっても、「これが名物」というものが必ずあるのです。

招かれたほうの立場からすると、普段はめったに食べられない食材や料理をいただけるのは心が弾みますし、何より相手からもてなされているという感覚があります。

お店選びには、相手に対する「おもてなしの心」があらわれます。

そういう気遣いができる人は、仕事でも相手が喜ぶことを考えて行動するため、自然とまわりに人が集まってきます。すべての仕事は人を介してやってくるので、まわりに人が多いほどお金も集まってきやすいのです。

お店選びの大切さは地方都市に限らず、東京でも同じです。

お金持ちになるような人が、懇親会や会食に使うお店を選ぶときは、「相手をそのお店に連れて行く理由」が必ずあります。

「この焼肉店は、他のお店ではめったに食べられない希少部位を出してくれる」

「このレストランは、有機栽培の野菜しか使っていない」

このように「だから、あなたを連れてきました」というこだわりを持っています。

決して「待ち合わせの場所に近いから」「検索したらたまたま席が空いていたから」といった理由で選ぶことはありません。もちろん、全国チェーン店を安易に選択することもないでしょう。

賢いお金持ちは口コミサイトで店を選ばない

賢いお金持ちになれる人は、会食のお店を選ぶとき、自分の行ったことのないお店は、まず選びません。

グルメサイトの口コミがよいからといっても、実際のお店の雰囲気や料理の質は、利用してみなければわかりません。たとえ料理はおいしくても、店内が騒がしくて、大声で会話をしなければならないというのでは、相手の印象が悪くなってしまいますよね。

賢いお金持ちは、お店選びでも一か八かの博打はしません。自分の行きつけのお店や実際に利用したことのあるお店を選びます。場合によっては、事前にお店の下見をすることさえあります。

それは、「空間」が大事だということを理解しているからです。

いくら商談の内容がよくても、それを話す環境が悪ければそれだけで全体の印象が悪くなってしまいます。

私が知っているお金持ちのなかには、「初対面の人と会うときは、あの高級ホテルのラウンジ」「重要な契約を結ぶときは、いつも使っている喫茶店」というように、**自分のホームグラウンドを持っている人が多くいます。**

お店の新規開拓をするのは悪いことではありませんが、ホームグラウンドといえるようなお店や空間を持つことのほうが何倍も重要なのです。

ポイント

「空間」にこだわったホームグラウンドを持つ

第2章

賢いお金持ちはこんなパートナーを選ばない

一時の恋愛感情に流されない

相手のことが好きで、好きでたまらない。なんとか振り向いてもらいたくて猛アプローチ。

そんな感情に任せた猪突猛進型の恋愛も、10代の頃ならよいかもしれません。

しかし、あなたが独身で、20代、30代になって将来の長い人生をともにするパートナー（結婚相手）を選ぶのであれば、そういうわけにはいきません。

なぜなら、パートナー選びは、将来、お金持ちになれるかどうかを決めるとても重要な要素だからです。

私はこれまで3000人を超えるお金持ちの人を見てきましたが、その経験から確実にいえることがあります。

パートナーとうまくいっている人はお金持ちになりやすく、逆にパートナーとうまく

いかなくて、相手をコロコロと代えている人はお金持ちになりづらいということです。

これはあなたが男性であろうと女性であろうと関係ありません。パートナーとうまくいっていれば、仕事以外のストレスを抱えずにすむので、仕事に全力投球できます。

しかし、パートナーとうまくいっていないと、「家に帰ったら、小言を言われるのではないだろうか……」「仕事で遅くなると、文句を言われるかもしれない……」などと余計な心配やストレスを抱えがちなので、仕事に集中することができません。

仕事に集中できる人のほうが、できない人よりもお金持ちになりやすいのは当然ですよね。

ある経営者の方と飲みに行ったとき、「田口さん、家に帰っても嫁に冷たくされるだけだから、もう少しつき合ってくださいよ」と愚痴をこぼされたことがあります。

当時は、経営もそれなりにうまくいっていたようですが、数年後に再会したときには、事業が回らなくなって、会社をたたんだという報告を受けました。しかも、それがきっかけでパートナーとも別れてしまったとのこと。

その経営者に限らず、パートナーとうまくいっていない人は、多かれ少なかれ仕事にも悪影響が及んでいるように感じます。

また、「会社から独立して、自分のやりたいビジネスを始めたい」という場合でも、パートナーとの関係が良好であれば、協力を得られやすく、ビジネスプランを理解してもらいやすいでしょう。

つまり、お金持ちになるチャンスをつかむことができるはずです。

一方、パートナーとの関係が不安定であれば、「そんな無謀な賭けはやめて」「そんなの失敗するに決まっている」などと反対されるか、「あなたにはついていけない」と別れを切り出されることになりかねません。

「好き」だけで一生のパートナーを選ばない

もちろん、相手のことを好きになるきっかけや感情は、人それぞれです。すてきな相手と出会った当初は、我を忘れて夢中になることもあるでしょう。

しかし、みなさんも経験があると思いますが、恋愛とは一種の熱病のようなもの。そのうち、ふっと冷めてしまうことがほとんどです。

単純に「恋愛を楽しみたい」ということであれば、自分の感情に素直になって、身を任せるのも楽しいでしょう。

しかし、賢いお金持ちになれるかどうかという観点からいえば、一時の恋愛感情に流される人は、その可能性がきわめて低くなります。

なぜなら、**「好き」という感情だけでは、一緒に生活し、長い人生のなかで何度も訪れる艱難辛苦をともに乗り切ることはできないからです。**

パートナーとうまくいっているお金持ちは、「好き」だから他の点はどうでもいい、という発想は絶対にしません。もちろん、「好き」であることはパートナー選びの最低条件ですが、恋愛感情の他にも「基準」を持って相手とおつき合いをしています。

その基準については、次項で紹介しますが、賢いお金持ちは、恋愛感情に流されることはないという事実を覚えておきましょう。

ポイント

賢いお金持ちはパートナー選びの「基準」を持っている

依存度の高い相手には近づかない

賢いお金持ちは、食事と同様に、パートナーを選ぶときの「基準」を持っています。細かな「基準」は人それぞれですが、多くのお金持ちがパートナーに求める共通する基準は、「相手に依存し過ぎない」ことです。

お金持ちになるような人で、嫌いな仕事をイヤイヤやっているという人はほとんどいません。イヤな仕事や苦手な仕事だと頑張りもきかないので、どうしてもお金持ちのレベルまでは到達しないからです。

お金持ちになる人は、自分のやりがいや好きなこと、ライフワークにしたいと思うようなことと、仕事の内容が重なっています。

たとえば、私の場合、「より多くの人にお金の大切さを伝えたい」ことがライフワークなので、そのテーマで講演や執筆をすることにやりがいを感じていますし、少々仕事が大変でも「楽しさ」のほうが勝ります。私のまわりのお金持ちのなかにも、「遊び」感覚で楽しく仕事に熱中している人が多くいます。

お金持ちは、「働かずに遊んでいる」というイメージを持っている人がいるかもしれませんが、実際のお金持ちは仕事が大好きで、真剣に向き合っています。少々仕事中毒の側面があるくらいです。

したがって、**賢いお金持ちは、相手への依存度が高い、自立していない人をパートナーとして選びません。**

たとえば、ある経営者がつき合っていたパートナーは、仕事以外の時間はずっと相手と一緒にいたい、というタイプの女性でした。

その女性は仕事はしているものの腰かけ感覚で、パートナーである経営者と、どこへ食事に行って、どこへ遊びに行くか、ということばかりに関心が向いていました。

しかし、その経営者の会社は事業がうまくいっておらず、自転車操業を続けている状態。経営者としては「パートナーとお出かけしている場合ではない」というのが本音なので仕事を優先させるのですが、パートナーからは決まってこう言われてしまいます。

「私と仕事、どっちが大事なの？」

ぎくしゃくした二人の関係は修復できず、結局別れてしまいました。

結婚しても自分の世界を持てる人を選ぶ

「私と仕事、どっちが大事なの？」という質問に答えるのは非常にむずかしいですよね。どちらも大事なのは当たり前ですが、お金持ちにとって仕事は生きがいなので、どうしても選択しなければならないのなら、「仕事」を選択するでしょう。

しかし、**そもそも賢いお金持ちならば、「私と仕事、どっちが大事なの？」と聞いてくるような依存心の強い人をパートナーとして選ぶことはありません。**

彼らは、自立心の強い人をパートナーとして選びます。

たとえば、仕事にやりがいをもって取り組んでいる人。お互いに仕事を頑張っていても、限られた時間をやり繰りして、充実した時間を過ごす。そんな関係をうまく続けていけるパートナーを持つお金持ちは少なくありません。

友人が多い人や打ち込める趣味を持っている人も、理想的なパートナー像です。そのような人は、たとえ専業主婦になっても、家に閉じこもることなく、友人と交流したり、趣味を活かして行動範囲を広げられます。このように、**なんらかの形で自分の世界を持ち、社会との接点を持っていれば、伴侶への依存度が高まることはないでしょう。**

実際、お金持ちのパートナーは金銭的に恵まれているので、専業主婦になる人が少なくありません。しかし、関係がうまくいっているお金持ちの家庭では、奥さんが趣味を活かして自宅で料理教室やヨガ教室を開いたりしているものです。

依存体質の人は、しばらくつき合ってみるとわかります。

そういう人には、自分の価値観をきちんと伝えなければなりません。

たとえば、「結婚相手には、専業主婦としてずっと家にいることを望んでいない」「私にとって仕事はライフワークだから、とても大事なものなんだ」ということを伝えておけば、あとで「こんなはずじゃなかった」と後悔することは避けられます。

ポイント

賢いお金持ちは依存度の高いパートナーを選ばない

「あんな人だとは思わなかった」と言わない

パートナーとの関係がうまくいっていない人と話していると、こんな愚痴や不満をこぼされることがあります。

「パートナーがあんな人だとは思わなかった」

こうした不満の多くが価値観の違いから生まれます。その不満が積み重なると、「価値観の不一致」を理由に離婚に至ることも。

たとえば、金銭感覚の違い。

結婚してみたら、ブランド品を買いまくる浪費家だった……。反対に、結婚してみたら、度を越したケチだった……ということはあるでしょう。一緒に生活すれば、毎日お金を使うことになります。食事や、旅行をしたり、車や家など大きな買い物をするたびに相手のお金の使い方についてストレスをためていたら、お互いの関係に亀裂が生じます。

だからこそ、**賢いお金持ちは、相手の金銭感覚をパートナー選びの基準のひとつとし、自分の価値観に合う人とおつき合いします。**お金の価値観が違い過ぎる人は選びません。

価値観は一致しなくても、理解してもらうのが大切

しかし、相手と自分の価値観が100パーセント合致することはまずありません。

もちろん、価値観の多くが一致するのが理想ですが、大なり小なり価値観の不一致があるのは当たり前です。価値観が100パーセント同じであることを条件にしていたら、一生パートナーは見つかりません。実際に、サラリーマン家庭で育った人と、自営業の家庭で育った人とでは、お金に関する価値観は異なるものです。

価値観は、合致していなくても、相手に理解さえしてもらえれば問題ありません。

たとえば、相手が節約家でムダ遣いをしないタイプだと、自己投資のための書籍やセミナーに使うお金も削られてしまう可能性があります。

しかし、「将来の収入につながる自己投資にはお金を惜しまない」という自分の価値観を事前に理解してもらえれば、あとで揉めたり、我慢してストレスをためることもな

いでしょう。

パートナーと長いつき合いをしたいのなら、お互いの価値観を理解し合うことは必要不可欠なプロセスです。このようなプロセスをすっ飛ばした人に限って、「家族サービスをしてくれない」「ケチ臭くていやだ」などと、パートナーに対する愚痴や不満を人前でこぼしています。

パートナーと良好な関係を築いている人は、決して人前でパートナーの悪口を言ったりしません。ですから、最も有効な方法は、「この人は」と思う人には、おつき合いを始める前に、自分の価値観を伝えておくことです。

「休日のたびにべったり会うような依存関係は望まない」
「これから仕事で勝負したいので、あまり休みは取れないかもしれない」
「お金があっても、贅沢な生活はしない」

このようにお金や仕事、住居など価値観が合わないようなトピックについては、折を見て自分から情報発信しておく。その結果、相手が「この人とはうまくやっていけそうもない」と思えば、自分から離れていくでしょう。

「価値観の違いなんてどうでもいい。この人が好きだから何がなんでも一緒になる！」と考える人もいるでしょう。しかし、**恋愛感情に流され、価値観の違いと向き合わずにつき合いを始めると、あとで必ずストレスをため、関係がぎくしゃくしてしまいます。**

また、普段からまわりの人に自分の価値観を発信しておくと、「この人となら、うまくやっていけるかもしれない」「私と同じような価値観を持っている」という相手が、向こうからアプローチしてくれる可能性があります。

賢いお金持ちは、あとで「パートナーがあんな人だとは思わなかった」と愚痴を言うことはありません。事前に「こんなパートナーを求めている」と情報発信するのです。

ポイント

賢いお金持ちは普段から自分の価値観を情報発信している

不特定多数が集まる場に出会いを求めない

パートナーを探している人のなかには、婚活パーティーや交流会などの場に出会いを求めている人がいるかもしれません。

たしかに、「数」は重要です。出会いがなければ、運命の人に出会う可能性はゼロですから。

しかし、パートナーとうまくいくお金持ちは、不特定多数の人が集まる場に出会いを求めることはありません。なぜなら、**人とのつき合いは、「数」ではなく、「深さ」であることをよく理解しているからです。**

私が「数」よりも「深さ」が大事だと気づいたのは、塾講師を辞めて、父親の経営する保険代理店を継いだばかりの頃のこと。当時は、人脈がなかったので、保険を売りたくてもまったく営業力がありませんでした。

そこで、見込客を獲得すべく、異業種交流会に参加したのです。

初めてそのような会に参加した私は、とにかく名刺を配りまくりました。数を打てば、保険も売れる。そう信じて、100人以上の参加者と名刺交換をしました。

「1日で見込客が100人も増えた！」と小躍りしてオフィスに帰った私は、保険申し込みの電話が鳴るのを待っていました。

それから、数カ月、私はオフィスの電話の前で途方に暮れることになりました。結局、異業種交流会で名刺交換をした人からは、まったく電話はかかってこなかったのです。

私はこのとき、初対面の人に名刺を配って、「田口です。仕事をください」と一方的にお願いしてもムダなのだと痛感しました。

「異業種交流会に行っても意味がない」と言いたいわけではありません。

コミュニケーションの取り方しだいでは、異業種交流会は仕事につながりますし、実際、私も異業種交流会から人脈を広げていった時期があります。

大切なのは、数多くの人と話そうとするのではなく、ある程度、相手を絞って話をじっくりと聞くこと。そうすると、相手も私のことに関心を持ってくれるので、自分がどんな仕事をしていて、どのように相手に貢献できるかを詳しく伝えることができます。

相手のことを深く知り、こちらのことも深く知ってもらう。そういうコミュニケーションが取れれば、不特定多数の人との出会いも、仕事につなげることができます。

しかし、仕事が軌道に乗るようになってから、私は異業種交流会に参加する機会がめっきり少なくなりました。**深いコミュニケーションができているお客様や知人から、新しい見込み客を紹介してもらえることが増えたからです**。

「田口さんの保険に興味を持っている人がいるので紹介します」

「田口さんと気が合いそうな人がいるのでお連れします」

このような場合、すでに紹介者とは人間関係ができていて、私の仕事や考え方を深く理解してもらっているので、すんなりと契約に至るケースがほとんどでした。

現在のマネーカウンセリングの仕事を始めてからも、基本的には紹介によって、仕事が広がっています。

お金持ちは自分でコントロールできることに注力する

婚活パーティーや交流会などでもコミュニケーションの取り方しだいでは、理想のパートナーと出会える可能性はあります。

しかし、このような不特定多数の人がたくさん集まる出会いの場に、コミュニケーションの「深さ」を求めるのは、正直むずかしいでしょう。

たとえば、婚活パーティーの多くは、女性のまわりを男性が席を移動しながら、参加者全員が自己紹介していくシステムがとられているそうです。多数の男女が数分間という短い時間で自己紹介をしていくシステムのなかで、相手のことを深く知るのは至難の業。しかも、**恋愛関係に至るには、ビジネスの関係以上に、お互いのことを深く知る必要があります**。

それでも運よく運命の相手に出会える可能性はありますが、きわめて効率が悪いと言わざるを得ません。

では、お金持ちはどうやってパートナーと出会っているのでしょうか。

私の経験からいえば、**ビジネスと同じように、友人や知人の紹介で出会っているケー**

スが多い。「○○さんに合いそうな人がいるから紹介しますよ」という出会いから、交際がスタートしているのです。

間に入って紹介してくれる人は、お互いの価値観をある程度知っているため、一種のフィルターを通して選んでくれます。まったく価値観が合いそうもない二人を引き合わせることはないですから、それがきっかけでおつき合いが始まる可能性が高い。

不特定多数の出会いは運しだい。一方、人の紹介による出会いは、自分の普段の振る舞いやコミュニケーションの取り方しだい。「○○さんに紹介してあげたい」と思わせることができればチャンスは広がります。

運をコントロールするのは困難ですが、振る舞いやコミュニケーションは自分でコントロールできます。**賢いお金持ちは、自分がコントロールできることに注力するのです。**

ポイント

賢いお金持ちは「紹介」でパートナーと出会っている

食事で違和感を覚える相手とはつき合わない

私の場合もそうですが、特に世代的に少し古い感性が残っている人は、おつき合いしたい相手と食事に行くときに、女性にお金を出させることはほとんどありません。これはお金持ちかどうかは関係なく、女性にお金を出させる感覚がないのです。だから、当たり前のように会計は全額こちらが持つのですが、ときどき相手の態度にがっかりすることがあります。

これは、今のパートナーとつき合う前の話ですが、「この人いいかも」と思う相手と初めて食事デートに出かけたときのこと。

会話も弾み、とても楽しい時間を過ごしたのですが、相手の帰り際の態度に少し違和感を覚えました。

会計が終わっても、「ごちそうさま」のひと言がなかったのです。「おごってもらって当然」という態度に見えました。

そんなことを言うと、「器が小さい」と思われるかもしれません。

もちろん、食事代はすべて自分が出すつもりでしたし、相手が「出します」と言っても、お金は受け取らなかったでしょう。

しかし、当時の私は借金の返済中で裕福ではありませんでしたし、「ごちそうさま」のひと言くらいは言ってほしかった、というのが本音です。

その後、何回か彼女とデートをする機会がありましたが、最初の食事で覚えた違和感を拭うことができず、おつき合いはうまくいきませんでした。

私は、「おごってもらったときに『ごちそうさま』も言えない相手をパートナーとして選ぶな」と言いたいわけではありません。「ごちそうさま」と言ってくれたからといって、あなたのベストパートナーとは限りません。

私が言いたいのは、食事をともにする際に違和感を覚えたという事実です。

食事に関する価値観が合わないと、すれ違いが起こりやすい

一緒に食事へ行って、違和感を覚える相手とは、うまくいかない可能性が高いといえるかもしれません。

たとえば、相手の食べ方が汚かったり、料理をたくさん残していたり、店員さんにお水をもってきてもらったときに、「ありがとう」と言わなかったりすれば違和感を覚える人はいるでしょう。

どこに違和感を覚えるかは人それぞれですが、食事中に抱いた違和感は、その後のお付き合いでも引きずる可能性が高いのです。

なぜなら、**食事中は、相手の素の部分や人柄があらわれやすいから**です。

食事は毎日の習慣なので、長い年月で身についてしまった行動や態度を取り繕うのはむずかしいと知っておきましょう。

違和感を覚える態度を直してもらいたくても、簡単ではありませんし、そもそも悪いことだと思っていない可能性が高い。それこそ価値観の違いがあらわれやすい部分なのです。

たとえば、店員にお水をもってきてもらったら、「ありがとう」と言うのは当たり前だと私が思っていても、相手が「こちらはお客なのだから、お礼を言う必要はない」と考えていれば、将来、食事以外のさまざまな面でもすれ違いが起こることが想像できます。

したがって、賢いお金持ちは、一緒に食事をしていて違和感を覚える相手とは、積極的につき合おうとは思いません。食事はベストパートナーを見極めるための「リトマス試験紙」となり得るのです。

ただし、自分自身も相手から食事中の言動を見られていることを忘れずに。少なくともマナーや礼儀を欠くようなことがあれば、相手はあなたから離れていってしまいます。

ポイント

食事は相手の人となりが垣間見えるリトマス試験紙

身の丈に合わない つき合い方はしない

好みの女性に振り向いてもらいたい。

そんなとき、多くの人は相手に喜んでもらおうとプレゼント攻撃をします。

もちろん、身の丈に合ったプレゼントであればいいのですが、相手の笑顔を見たいばかりに、奮発してブランド物のバッグや高価なアクセサリーを贈ってしまう。しかし、必要以上に自分をよく見せようとしたり、背伸びをしたりしても、結果的にいいことはありません。


恥ずかしながら、私の失敗談をお話ししましょう。

５００万円の借金を抱えたデブの頃の私には、好きな女性がいました。

彼女は、いつもとびっきりの笑顔とやさしさで私に接してくれました。彼女と話していると、まるで自分の恋人であるかのような錯覚に陥りました。

それもそのはず、私が好意を寄せていたのは、キャバクラで働いている女性でしたから。いつもとびっきりの営業スマイルで出迎えてくれるのは当たり前です。

私は、彼女にたくさんのお金をつぎ込みました。毎日、飲みに行きましたし、プレゼントも贈った。合計300万円は彼女に貢いだと思います。

冷静に考えれば、お店とその女性にとっては金払いのいいカモだったのですが、当時の私は、「この子とつき合えるに違いない」と真面目に思っていました。

しかし、つき合えるどころか、店外デートの希望さえ一度もかないませんでした。

今振り返ってみれば、当時の私は自分に対してまったく自信を持っていなかったのでしょう。借金を抱えているにもかかわらず、プレゼントで気を引こうとしたのは、自分を大きく見せようとしていただけ。まったく地に足が着いていませんでした。

ところが、「お金のストレスフリーを実現しよう」という目標を立ててから、私の人生は変わり始めました。キャバクラ通いをやめ、毎日一生懸命働く日々を過ごし、ついに借金の返済が完了。体重もみるみる落ちていきました。

すると不思議なことに、自分でも驚くほどにモテるようになったのです。当時、保険の営業をしていた私は、人脈を広げるためにセミナーや交流会に参加することが多かったのですが、そこで女性からも話しかけられるようになりました。

「モテる」というのは大げさかもしれませんが、少なくともキャバクラに通っていた頃よりは、女性から連絡先を聞かれたり、アプローチをされたりする機会が増えました。

自己管理能力があって、地に足を着けて働いている男性は、女性にとって魅力的に映るのかもしれません。少なくとも、借金をしてまでプレゼントを貢いでいる男性よりは何倍もましなはずです。

おかげで私は、借金を返済している最中に出会ったパートナーと、今でも幸せに暮らしています。

賢いお金持ちは身の丈に合った贈り物をする

好意を寄せる相手とつき合いたいから関心を買おうと背伸びをする。その気持ちはわかります。

もちろん、記念日などにプレゼントをすれば相手も喜びますし、プレゼントをすること自体は否定しません。

しかし、たいして貯金もないのに、ブランド物の高級バッグをプレゼントしたり、高級ホテルのレストランを予約したりといった、身の丈に合わないお金の使い方をしていると、いずれ破綻します。

一時的には、その相手とつき合えるかもしれません。でも、一度相手に贅沢をさせてしまうと、それが「最低基準」になってしまいます。

つき合い始めたあとに、お金の使い方を身の丈に合わせても、相手から「昔はもっとお金をかけてくれたのに！　愛が冷めたのね」と責められるのがオチです。

身の丈に合わないプレゼント攻撃で女性にアプローチしても、結果的に「カネの切れ目が縁の切れ目」になります。**そもそもお金目当ての人しか近寄ってきません。**

賢いお金持ちになれる人も、当然、つき合いたい相手にはプレゼントをします。ただし、それは身の丈に合った贈り物です。かつての私のように借金をしてまで高級品を贈るのは言語道断。

高価なプレゼントでなくても、心のこもったプレゼントで、相手の趣味やセンスを考え抜いた贈り物であれば、喜んでもらえるものです。
「私の誕生日を覚えていてくれたのね。しかも、私が雑誌を見て『これ欲しいな』とつぶやいていたものを探してきてくれるなんて！」

贈り物というのは、本来プレゼントそのものではなく、「どんなものを贈ったら喜んでもらえるだろうか」と相手のことを考え、時間をかけてプレゼントを探す「手間」に価値があります。

「こっちのほうが喜んでもらえるかな、それともあっちのほうが好みかな」といったことを考えながら何時間も店のなかをうろうろ見て回った経験がみなさんにもありますよね。

女性は、そのような行動から相手の愛情を感じ、パートナーとして長くつき合いたいと思います。とりあえず高級品を贈っておけば喜んでもらえるだろうという男性からは、やがて離れていくことでしょう。

ポイント

プレゼントにはお金よりも「手間」をかける

パートナーになったあとも感謝の気持ちを忘れない

プレゼントについて、賢いお金持ちに共通する行動パターンをもうひとつ紹介しましょう。

それは、**パートナーになったあとも、マメにプレゼントを贈り続けること**。

一般的には、パートナーとしてのつき合いが始まると、「釣った魚にエサはあげない」とばかりに、贈り物をする回数がグンと減ります。

「相手の誕生日や記念日を忘れてしまう」というのもよく聞く話です。

すると、それに対して、パートナーは「愛情がなくなったのね」と憤慨することになり、結果的にパートナーとの関係にひびが入ってしまいます。

一度、信頼関係が崩れてしまうと、夫婦関係ばかりでなく、仕事にも悪影響が及びます。

パートナーの両親へのプレゼントも忘れない

一方、賢いお金持ちは、つき合う前もマメにプレゼントをしますが、パートナーになったあとも、誕生日やクリスマス、結婚記念日など大切な記念日にプレゼントを贈り続けます。

私のまわりの賢いお金持ちも、ほぼ例外なく、パートナーの誕生日や記念日を大事にしています。誕生日に贈り物をしたり、記念日には少しオシャレをしていくような高級レストランへ連れて行きます。

そのような記念日は事前にスケジュールに組み込まれているので、仕事を理由にないがしろにすることはありません。

むしろパートナーと過ごす時間を優先させます。

また、賢いお金持ちには、パートナーだけでなく、義理の父親と母親の誕生日や記念日にもプレゼントをする人が少なくありません。

パートナーの立場からすれば、「私だけではなく、私の家族まで大事にしてくれている」

というのは、素直にうれしいものです。

パートナーになってからも、**プレゼントを贈り続ける人や、パートナーの両親にも贈り物ができる人は、ビジネスでも成果を出しやすい**。

なぜなら、自分が普段お世話になっている人に対する感謝の気持ちを忘れず、大事にしたり、心配りをする習慣が身についているからです。

そのような人は、まわりの人の信頼を集め、大切なビジネスパートナーとも良好な関係が長く続くので、人にもお金にも好かれるのです。

ポイント

パートナーになってからもプレゼントを続ける

第3章

賢いお金持ちは こんなことに お金を使わない

「ブランド」に流されない

高級ブランドのスーツにカバン、そしてピカピカに磨かれた高級靴。腕時計は、誰もが知っている有名ブランド。財布にはブランドのロゴがドカーンと目立っている……。「お金持ち」の服装といえば、このように頭の先からつま先まで高級ブランドに身を包んでいるというイメージかもしれません。

実際、「私がいちばんお金を持っていますよ」とばかりに、全身に高級ブランド品をまとい、いわゆる金持ちオーラを出している人がいます。

しかし、私の経験からいえば、ルイ・ヴィトンやグッチなど誰が見てもわかる高級ブランドばかり選んで身につけている人は、賢いお金持ちではないケースが多いです。

もちろん、高級ブランドそのものに罪はないですが、一見してすぐに「あそこの高級ブランドだな」と判別できるものを身につけているのは、一時的にお金を持っている「成り金」趣味の人か、見栄を張って背伸びをしている〝エセお金持ち〟の確率が高い。

賢いお金持ちには、「身につけるものはなんでも高級ブランド」という人は意外と多くありません。もちろん、お金に余裕があるので、高級ブランドの商品を身につけている場合もありますが、それを前面にアピールするような着こなしはしません。

私が知っている賢いお金持ちの多くは、「高級ブランドだから」「高いものを持っていれば、女の子にモテるから」といった基準で、身につけるものを選びません。ブランドのイメージがどうかではなく、**「自分が身につけたいと思うかどうか」という独自の価値基準で選んでいます**。

たとえば、あるお金持ちの経営者は革製品が好きで、ある職人さんがつくった革の財布や鞄などを愛用しています。オンリーワンの技術を持った職人さんが手づくりする、唯一無二の製品を身につけることに自分の価値を置いているのです。

これらは、職人さんが丹精込めてつくりあげる製品なので、決して値段的には安くありません。にもかかわらず、世間一般に認知度の高いブランドではないので、ほとんどの人は「ああ、高級品を身につけている」と気づくことはありません。

それでも、その経営者は、職人さんがつくる革製品に愛着を持っていて、大事に使っています。革の手入れも欠かしません。見る人が見れば、「こだわりを持って、いいものを身につけている」と思うでしょう。

賢いお金持ちは、ブランド名に流されるような買い物はしないのです。

価値基準の明確な人がお金持ちになれる

お金持ちになる人は、服に限らず、独自の価値基準にしたがって、さまざまな選択をしています。

私はタバコをやめてから、他人の吸っているタバコの煙さえも苦手な体質になりました。だから、外食をするときも、基本的に全席禁煙のお店を選んでいます。

いくらご飯そのものがおいしくても、タバコの煙が気になっていたら、気分的に楽しいと思えませんし、お金を払うことがもったいなく感じられるからです。

当然、「そのくらい、ガマンすればいいじゃない」と思う人もいるのでしょうが、私にとっては、タバコの煙が漂うお店かどうかは、お店選びの大事な価値基準になっているのです。

独自の価値基準は、「こだわり」という言葉で言い換えることができます。理解できない人には単なる「わがまま」な人に見えるかもしれませんが、お金持ちになれる人は、**「固執」や「執着」とは違ったなんらかの「こだわり」を持っているものです**。反対に、なんでもかんでも受け入れるという人に、お金持ちは少ない。

こだわりを持っていないということは、自分の価値基準が定まっていない証拠なので、何かを選択する場面で、自分のモノサシで決めることができません。「とりあえず高級ブランド品を買っておけばいいや」という人と同じで、まわりの意見や評価に流されがちです。

仕事でもまわりに流されていたら、ライバルとの差別化はできませんし、あなただけの価値を生むことは不可能です。

そういう人は、その他大勢の一人に埋没し、お金持ちにはなれません。ビジネスを立ち上げるときも、「他の会社もやっていて儲かりそうだから」という発想では、ブレイクさせるのはむずかしいでしょう。

それよりも、自分が本当に良いと信じるものを徹底的に掘り下げる人が、金の鉱脈を掘り当てる可能性が高いといえます。専門性そのものが他の人が持っていない付加価値を生みますし、差別化できればライバルも少ないからです。

したがって、**自分の考え方や判断基準が他人と違っているのは、お金持ちに近づいている証拠ともいえるのです**。

そういう意味では、自分の好きな趣味に集中的にお金を使う人は、お金持ちになりやすい性格といえます。逆に、広く浅くでいろいろなことに手広く興味を持っている人は、お金持ちのポジションからは遠ざかっていきます。

賢いお金持ちは、お金の使い方にも、簡単には譲れない独自のこだわりや価値基準を持っています。だから、それらが侵害されることにはお金も時間も使いたくありませんし、価値基準が正反対の人とは一緒に時間を過ごしたくない、という発想になるのです。

ポイント

お金持ちは、わがままなほどのこだわりを持っている

「独学」に固執しない

突然ですが、ここで質問です。

あなたは、健康とダイエットのために、運動を始めることにしました。どちらを選択するでしょうか。

◎お金のかからないウォーキングやジョギングを始める

◎毎月の料金はかかるけれど、ジムに通ってトレーナーの指導を受ける

賢いお金持ちになれる人は、断然、後者を選択します。多少のコストはかかっても、専属トレーナーの指導を受けながら、運動を続けていきます。

それは一体なぜでしょうか。

一見、自己流でウォーキングやジョギングを始めたほうが、費用がかからなくて、お金が貯まりそうですよね。

ただ、経験のある人も多いと思いますが、ウォーキングやジョギングを始めても、よほど意志が強くないと続きません。

雨で運動ができない日や、あまり体調がよくない日があると、それを理由に休んでしまう。一度、休むと、「仕事が忙しいから」「今日は食事を少なくすればいいか」などと、何かと理由をつけてサボるくせがつき、しまいには途中で挫折する結果となってしまいます。

また、自己流で運動を始めると、適切な運動量や体の動かし方がわからないので、ひざや腰など体を痛めて、運動を続けられなくなるリスクもあります。

お金がかかっていないので損はしませんが、その代わり健康とダイエットという目標は達成できません。

一方、ジムに通ってトレーナーの指導のもとで運動を始めれば、自己流の場合に比べて、途中で挫折する可能性はグンと低くなります。

入会金や月会費など、それなりの金額を払うことになれば、簡単には挫折できません。

サボればお金をドブに捨てることになりますから。自分のお金を使うことは、運動を継続するための動機になります。

そして最大のメリットは、ジムに通うと、トレーナーから指導を受けられること。自分の体力や筋肉に合わせて適切な運動メニューを作成してもらったり、健康やダイエットに効果的な運動の仕方を教えてもらうこともできます。

当然、お金はかかってしまいますが、最終的な目標である健康とダイエットを達成できる可能性は高くなります。

つまり、**賢いお金持ちは目標を達成するために、お金をかけるべきところには、きちんと「投資」をするのです。**

お金の使い道は３つに分けられる

賢いお金持ちは、お金を使う上で「投資」という考え方を明確に意識しています。

お金の使い道は、「消費」「浪費」「投資」の３種類に分けられます。

「消費」は、人が生活していくために必要なお金のこと。食費、住居費、光熱費、交通費、通信費など、衣食住にかかわるものです。
「浪費」は、ムダ遣いしたお金。ギャンブル代やキャバクラでの飲食代、タバコ代、たいして着ることなくタンスのこやしになってしまった洋服代などです。
「投資」は、自分の将来のために使うお金。預金のほか、勉強のための書籍代、セミナーや講演会の参加費、資格取得のための費用などに分類されます。当然、株などの資産運用に使うお金も「投資」です。

ちなみに、飲み会なども一緒に飲む相手や目的によっては、「投資」になります。たとえば、「この人から、仕事や人生がうまくいく秘訣を学びたい」「今後、仕事でお世話になることがありそうだから、つながっておこう」といったねらいがあれば、「投資」に区分できます。

賢いお金持ちは、達成したい目標ができたら、それを効率的に実現するための方法を考えます。そして、そのためにお金をかける必要があれば「投資」と考え、出し惜しみはしません。

ゴルフを始めるときも、自己流で打ちっ放しから始めることはありません。レッスンプロなど先生について、スイングの正しいフォームを身につけます。レッスン料はかかっても、自己流で始めてしまうよりも、結果的にゴルフは上達するでしょう。
英会話を習得するときも、お金を払って英会話教室に通ったり、先生の個人レッスンを直接受けたりすれば、習得の速度は圧倒的に高くなるはずです。

「安いから」「無料だから」という理由で自己流や独学に固執する人は、ビジネスでもなんでも中途半端なところで挫折して、目的を達成できない可能性が高くなります。お金持ちになりたければ、「投資」というお金の使い方を意識しなければなりません。
ただし、自己投資したお金は、きちんと回収できているか検証する必要があります。「人脈をつくるため」といって飲み会にばかり参加していても、まったく仕事につながっていなければ、結果的に投資とはいえません。投資は回収するものです。なんでもかんでも「投資」に区分して散財していたら、それは「浪費」になってしまいます。

ポイント

賢いお金持ちは「投資」を意識してお金を使う

「移動はタクシー」にこだわらない

お金持ちの移動手段は、「タクシーが中心」というイメージを持っている人が多いかもしれません。

たしかに、早く移動するのが目的であれば、徒歩やバスではなく、タクシーのほうが便利です。満員電車に揺られるよりも、はるかに快適なのも事実です。

しかし、お金持ちは「いつでもどこでもタクシーを使う」というのは、イメージにすぎません。

賢いお金持ちの移動手段は臨機応変。費用対効果を考えて電車も使いますし、近ければ徒歩で移動することもあります。

たとえば、1駅分の移動をする場合、時間に余裕があって、天気が悪くなければ、自分の足で歩きます。

私もそうですが、**お金持ちは、10人いれば10人、間違いなく健康を第一に考えています。**

あるお金持ちの話をしましょう。

その方は、一生働かなくてもよいくらいの十分な資産を持っていますが、若い頃に糖尿病を患い、現在、毎日数回のインスリン注射を打つ生活を送っています。だから、旅行も満足に楽しめないし、食事制限があるので好きなモノも食べられません。

そのお金持ちが言い放った言葉を、私は今でも鮮明に覚えています。

「もし病気が消えてなくなるのなら、慎ましく暮らせるだけの資産しかなくてもいい」

せっかくお金持ちになっても、健康でなければ人生の幸福度は下がってしまいます。

だから、お金持ちのなかには、「タクシーに乗ってラクをする」という発想をする人は、意外なほど少ないのです。

ちょっとした移動距離であれば歩きますし、駅やビルのエレベーターやエスカレーターを使わず、あえて階段を使って足腰を鍛えるお金持ちはたくさんいます。

ですから、「私よりも足腰がしっかりしているのではないか」と思う人生の大先輩もたくさん知っています。

東京から静岡までタクシーで移動したお金持ち

では、賢いお金持ちは、どんなときにタクシーを使うのでしょうか。

ビジネスの目的などから、優先順位を総合的に検討して、必要と判断すればタクシーに乗り込みます。


ある売れっ子のセミナー講師は、静岡県で開催される講演のために、新幹線で移動する予定でした。ところが、新幹線に乗るために都内を移動中、車両トラブルで新幹線が運転を見合わせるとの一報が入りました。

すると、そのセミナー講師は、すぐさまタクシーをつかまえて、静岡県のセミナー会場までタクシーで駆けつけたのです。

少し待っていれば、新幹線は運転を再開したかもしれません。それに、タクシー料金は数万円にも上ったはずです。

たとえ、高いタクシー料金を払ってでも、先方の元に時間どおりに駆けつける。

お金よりもお客様からの信頼のほうが優先順位の高いことを、セミナー講師が理解し

ていたからこそ、とれた行動でしょう。

また、強い雨が降っていて、お客様のオフィスに着くまでにスーツが濡れてしまうといったケース。この場合も、たとえ歩いて数分の距離であっても、ためらうことなくタクシーを使います。スーツがびしょびしょに濡れていたら、相手も不快に感じますし、自分自身も大事な商談や打ち合わせに集中できないからです。

優先順位を考えて、臨機応変に移動手段を選択する。こうした対応ができる人は、ビジネスでも判断力にすぐれ、結果的により多くのお金を稼ぐことができます。

ポイント

優先順位を考えて、臨機応変にタクシーを使う

貯金を趣味にしない

貯金の額が増えていくのを見るのは、うれしいですよね。思わずニコニコと笑みがこぼれてしまいます。

「貯金が趣味」という人もいますが、その気持ちはわかります。

しかし、お金を貯めてばかりで、うまく使えない人は、貯金の残高が多い小金持ちになることはできても、賢いお金持ちにはなれません。貯金がゼロ、借金があるという人も問題ですが、「貯金が趣味」という人もある意味で危険です。

理由のひとつは、預貯金を増やすことだけに喜びを感じる人は、減ることに対して罪悪感やストレスを覚えるからです。つねに右肩上がりで増えていかないと気がすまないわけですから、何かを買ってお金が減っていくことが許せません。

もちろん、いつも預貯金がゼロの人よりはマシですが、**一時的にでもお金を減らすことに嫌悪感を持つ人は、お金を持ったままで人生を終える可能性が高くなります。**

そのような人生が、はたして幸せといえるでしょうか。私は、そうは思えません。お金を使うことによって得られる幸せもたくさんあるはずです。

お金持ちになる人は「投資」している

私が知っている賢いお金持ちはみなさん、上手にお金を使っています。

彼らに共通するのは、預金額の数字のためにお金を増やすのではなく、「自分のできることや、やりたいことを実現させるためにお金を増やす」というマインドを持っていること。

あなたも、将来はこんな生活や人生を実現したいという夢やビジョンがあるでしょう。たとえば、会社や人間関係に縛られることなく好きな仕事をしながら、同時に家族との時間を大切にできるような生活スタイルに憧れる人もいれば、「お金のストレスフリー」を手に入れて、ライフワークといえるような好きな仕事に打ち込む生活に憧れる人もいるでしょう。

そうした理想の未来を手に入れるには、「消費」だけでは無理で、ほぼ確実に「投資」

が必要です。その名のとおり、お金が減るリスクを取りながら、金融商品に「投資」して資産を増やす必要があると思います。

あるいは、自分自身に投資して、資格やスキルなどを身につけて、稼ぐ力を磨くような努力が必要な場合、そのための学校に通えば、出費は覚悟しなければなりません。お金持ちになって、自分の理想の人生を手に入れている人は、例外なく人生のどこかの段階で「投資」をして、リスクを冒しています。

「貯金が趣味」というのは、「浪費が趣味」という人よりもある意味危険かもしれません。浪費は、賢い使い方に変えれば改善できますが、貯金が趣味の人は、趣味そのものを改善するしか方法がありませんから。

賢いお金持ちになりたければ、お金の増やし方だけではなく、使い方を学ばなければならないのです。

ポイント

貯金を増やすだけでは、理想の人生は得られない

歯のメンテナンスを後回しにしない

お金があっても、健康でなければ、幸せな人生とはいえません。だからこそ、賢いお金持ちは、健康に気を遣って、体のメンテナンスを怠りません。

健康診断や人間ドッグを受けている人も、少なくないでしょう。彼らにとって定期的に健康のチェックをするのは当たり前なのです。

賢いお金持ちは、さらに歯の検診を習慣にしています。

はっきり言いましょう。

お金持ちになる人は、虫歯がありません。私のまわりのお金持ちも、虫歯がないどころか、みなさんキレイな白い歯をしています。

繰り返しになりますが、お金持ちになる人は、自己管理能力が高い人です。歯磨きや歯のメンテナンスを怠らないから、虫歯がないのです。

一方、自己管理能力が低い人は、好きなものを食べたり飲んだりしたままにして、こまめに歯を磨かない。歯が痛んでも、歯医者に行かない。だから、どんどん虫歯が悪化して、歯がボロボロになっていきます。

借金を重ねていた「デブ」時代の私も、虫歯が何本かありました。自己管理をせず、惰性で生きていた結果といえるでしょう。

極端なことをいえば、「虫歯をつくること」と「借金をつくること」はイコールです。

歯のメンテナンスを怠れば虫歯ができるのと同じで、好きなように買い物をして、お金の管理をしなければ、雪だるま式に借金は膨らんでいきます。

賢いお金持ちは定期的に歯医者に通っている

そんな私も、30歳を過ぎてからは、虫歯をすべて治療して、定期的に歯医者に行くようにしています。

今は3カ月に1度のペースで、歯のメンテナンスをしてもらっています。髪を切りにいくのと同じ感覚です。歯石をとって、歯のクリーニングをする。虫歯予防になりますし、歯周病のような恐ろしい病気を防ぐことができます。

医学的には、歯周病などの歯の不調は、糖尿病や心疾患、肺炎など内臓の病気も引き起こすといわれています。

歯のメンテナンスをすることは、体全体のメンテナンスをすることでもあるのです。

ＮＨＫの『あさイチ』という番組のなかで、60代以上の人を対象に、「若いときに、何にお金をかけておけばよかったですか？」という質問に対するアンケート結果が紹介されていました。

いちばん多かった答えは、「歯のメンテナンス」でした。

若いうちは歯の大切さについてピンとこないかもしれません。しかし、自分の歯で食べ物を噛める喜びというのは、何事にも代えがたいものです。

しばらく歯医者に行っていない人は、まずは歯医者で虫歯のチェックをしてもらいましょう。

ポイント

歯を見ればその人の自己管理能力がわかる

「所有する」ことを重視しない

賢いお金持ちは、ものに執着しません。自分のものにすることに、あまり価値を置いていないのです。

お金持ちの人は、みんな高級車に乗っているというイメージがあるかもしれません。しかし、車に対するこだわりがなく、あまり車に乗る機会のない都心のお金持ちのなかには、「レンタカーで十分」と考え、車を所有しない人も少なくありません。

実際、車の維持費（駐車場代、車検代、保険代）を考えれば、必要に応じてレンタカーを借りたほうが安くすみます。

「所有するかどうか」という選択のなかで、人生の最も大きな問題は「家」です。

私の親世代くらいになると、「家は購入するもの。家を持って、ようやく一人前」といった意識が強くあります。

今の若い世代は、そこまでではなくても、賃貸でずっと高い家賃を払い続けるよりは、ローンを組んで購入したほうが得だと考える人は少なくありませんし、実際に30年、35年のローンを組んで自宅を購入する人は多くいます。

しかし、**賢いお金持ちは、家に関しても、「所有する」という価値観をあまり重視していません**。

もちろん、ローンを組まなくても買えるくらいの資産を持っているお金持ちや、投資の対象として家を購入する投資家は別ですが、賢いお金持ちのなかには、あえて賃貸に住み続ける人も少なくありません。

それはなぜでしょうか。

賢いお金持ちは、人生には変化がつきものであり、今の状態がいつまでも続くとは限らないことを、よく理解しているからです。

ローンを組んで家を購入する人は、今後、少しずつ昇給して収入が増えていくことを前提に返済のシミュレーションを立てています。しかし、本当にシミュレーションどおりに給料が上がり続ける保証はどこにもありません。

20～30年先を見通せる人はいないのです。

窓際に追いやられてリストラされるかもしれないし、会社そのものが倒産してしまう可能性もあります。もしかしたら、不幸にも病気を患って存分に働けないかもしれない。長い人生ですから、将来的に何が起きても不思議ではありません。

万一、ローンが支払えなくなって安い家に買い換えるとしても、最初の家のローンが残ってしまえば、次の家のローンとの二重ローンに苦しむことになります。

さらに、ローンを組む致命的な問題は、お金持ちになるためのタネ銭（元手）がなくなることです。お金持ちになるには、「投資」が必要です。しかし、ローンを返済することに目一杯になって、投資に回せるお金がなくなれば、お金持ちになるチャンスを失うことになります。

つまりは、ローンを返済するための人生で終わってしまうのです。

一方、賢いお金持ちは、人生は諸行無常であることを前提に、人生設計を立てています。つまり、**どんな変化があっても臨機応変に行動できるように、身軽であることを好みます。**

だから、ローンを組んで家を買うよりも、「賃貸に住み続ける」という発想になります。家を所有することは、人生の足かせになる可能性があると考えているのです。

万一、自分の収入が少なくなっても、収入の身の丈に合った賃貸物件に引っ越せば、苦境に陥ることはありません。

▼▼▼パートナーに家についての価値観を話しておく

ローンを組んで家を買っても問題のないケースは限られます。

◎20〜30年先まで収入の見通しが立っていて、シミュレーションどおりに返済できるケース

◎ローンを組まなくていいほど資金があるケース。あるいは、頭金となる資金が十分にあって、ローンの額が少なくてすむ人

◎30〜40年先もずっと、その場所に住んでもいいという覚悟があるケース

つまり、ローンを組んでも問題ないケースは、ほとんどないのです。

では、すでにローンを払っている最中という人はどうすればいいでしょうか。

突き放した言い方に聞こえるかもしれませんが、頑張って返すしかない。繰り上げ返済をして、できるだけ早くローンを完済し、身軽になるしかないのです。

また、「家は賃貸でいい」と思っていても、結婚すると自分一人の意向では決められないケースも出てきます。「まわりの人は、みんな持ち家だから我が家も」とパートナーに押し切られて家を買ってしまうパターンもあります。

家を所有するデメリットを深刻に受け止めるのであれば、パートナーと一緒になる前に、「家は賃貸でいく」という自分の価値観を事前に伝えておき、承諾を得ておくことが大切です。

ポイント

賢いお金持ちは「人生には変化がつきものだ」とちゃんと理解している

「快適さ」を犠牲にしない

住居については、「都心に住むか、郊外に住むか」という選択も大きな問題です。

多くの人は、「今の収入が○○万円だから、家賃が○万円以内で収まる、この街に住む」というように、収入と家賃に見合った場所で家を探します。

もちろん、収入に見合わないような高級賃貸に住むのは言語道断ですよね。

しかし、賢いお金持ちは、収入や家賃だけを基準に住む家を決めません。「仕事が快適にできるかどうか」というモノサシも大事にしています。

なぜなら、**お金持ちになる過程では、一生懸命にバリバリと働く必要がある**からです。お金持ちになればある程度ラクはできますが、ラクをしてお金持ちになれる人はいません。

特に、バリバリ働いている若い世代は、ほとんどの時間を仕事に費やすことになるので、家にいる時間の大部分は睡眠時間です。

「自然いっぱいの郊外で子育てをしたい」という明確な方針でもあれば別ですが、お金持ちになりたければ、「職住接近」が断然有利です。

たとえば、会社から電車で1時間かかる郊外に住んでいるとしたら、24時間のうち計2時間は通勤に費やすことになります。

通勤中に座って仕事をしたり、本を読んだりできればまだいいですが、必ず座れるとは限りません。場所や時間によっては満員電車に揺られて、不快な時間を過ごす可能性も高い。通勤するだけで、ぐったりしてしまうでしょう。

終電近くまで仕事をすれば、家に着く頃には午前様。翌朝も早く出なければなりませんから、どうしても睡眠時間は少なくなってしまいます。

▼▼▼通勤電車に揺られている時間は価値を生み出さない

一方、同じ会社で通勤時間15分の場所に家を借りている人だと、その快適さは大きく変わってきます。

通勤時間が短くなれば、家でリラックスして過ごせる時間が増えますし、満員電車で疲れやストレスをためる心配もありません。翌日に備えて英気を養うこともできるでしょう。

賢いお金持ちは、仕事に全力で集中することが価値を生み出す事実をよく理解しています。そのためには、リラックスできる環境で、充分に体を休める時間が必要であることもよくわかっています。

だから、家賃が少々高くなっても、職場に近いところに部屋を借りるのです。

たしかに、目の前の家賃だけを見れば、短期的に出費は大きくなりますが、大きなモノサシでとらえると、少々家賃が高くても、それに見合うだけの「仕事に快適に取り組める環境」を手に入れることができます。

通勤時間は何も生み出さないことを考慮に入れて、家探しをしましょう。

ポイント

賢いお金持ちは「職住接近」を重視する

第4章

賢いお金持ちはこういう人づき合いをしない

「この人とはつき合いたくない」という直感を無視しない

「この人とは、ちょっとつき合いたくないなあ」

初対面の人に対して、こんな印象を抱くことはないでしょうか。

「この人はイヤだ」と思うポイントには個人差がありますが、最初に抱く直感は、案外当たるものです。直感的に苦手な相手と無理してつき合っていても、悪循環に陥ってうまくいかないものです。

かつて保険の仕事をしていた頃、父親から引き継いだ大口の顧客がいました。初対面のときの感触は、「この人とは距離を置きたい」というのが素直な気持ちでした。

しかし、売上は大きいので無理してつき合っていたのですが、余計な注文をつけられたり、たいした用事でもないのに突然呼び出されたりと、とにかく手間がかかる……。

どうしても馬が合わなかった私は、結局、その顧客とのつき合いをやめました。大きな売上を失ったのですが、その分、収益につながる顧客に時間を割けられるようになり、全体の売上は伸びました。「直感なんかでつき合いをやめてしまったら、相手からさらに嫌われるのではないか」と思うかもしれませんが、案外そんなことはありません。

こちらが「合わない」と思っているときは、相手も同じことを感じているものです。だから、相手がホッとすることはあっても、怒り出すようなことはないでしょう。

賢いお金持ちは、第一印象の直感を大事にしています。

「この人とはつき合いたくない」と思ったら、ためらうことなく距離を置きますし、反対に「この人とは馬が合いそうだ」と感じたら、積極的におつき合いをするようにします。

私も長い間、自分の心に素直に従って人つき合いをしてきましたが、直感が外れたことはありません。

だから、**あとになって人間関係のイザコザに巻き込まれたり、コミュニケーションでストレスをためたりすることはほとんどありません。**

依存度の高い人とはつき合わない

お金持ちになる人と、そうではない人とでは、初対面のときに働くセンサーの感度に違いがあります。

お金持ちになれない人は、そのセンサーが十分に働かないために、最初は「苦手な人だな」と思わず、つき合っていくうちに馬が合わないことを自覚します。

反対に、賢いお金持ちは、センサーの感度がすぐれているので、初対面での印象とおつき合いを深めていったあとの印象に差が生じません。

十中八九、第一印象が当たっているのです。

その感度の違いは、どこから生まれるのでしょうか。

実は、人づき合いに関する「基準」を持っているかどうかが大きく関係しています。

その基準は人それぞれですが、私の場合でいえば、「依存度の高い人」は避けるという明確なモノサシがあります。

たとえば私は、「講演会を企画したい」という提案をいただくことがよくありますが、そのような提案をされる方には、２つのパターンがあります。

ひとつは、「本を出している田口を講師として呼べば、集客には苦労しないだろう」と、私の実績や知名度に頼って、企画を提案されるパターン。

この場合、いざ集客する段階になっても、主催者が先頭に立って動かずに、「田口さん、集客の件ですが、なんとかなりませんか？」とおんぶにだっこ状態。

このように主催者の依存度が高い場合は、集客に苦労する結果となり、講演会自体もいまひとつ盛り上がりに欠けることが多くあります。

ひどい場合だと、「人が集まらなかったので……」と言って中止になってしまうことさえあります。

もうひとつは、主催者が「自分たちの責任で集客して成功させよう」という前提で動いてくれるパターン。

この場合、「読者1万人の○○というメールマガジンで集客します」「私たちの会員組織で、最低30人は確保できます」というように、主催者が集客の提案を具体的に示してくれます。

このようなパターンの場合は、集客がうまくいきますし、講演会自体もたいへん盛り上がります。

自分にとって、どんな人とおつき合いをするのがプラスになり、反対にどんな人とおつき合いをするとマイナスになるのか。

こうした基準を普段から意識しておくことによって、直感のセンサーはどんどん鋭くなっていくでしょう。

ポイント

賢いお金持ちは第一印象の直感を大事にする

「普通の会社員です」と自己紹介しない

初対面の人とあいさつを交わすとき、こんな自己紹介をする人に出会うことがあります。

「普通の会社員をやっています」
「普通の会社で普通にＯＬをしています」

本人は謙虚で控えめな感じを出そうとしているのかもしれませんが、正直にいうと、こんな自己紹介をされた途端にこちらは興味がなくなってしまいます。

「普通」であることは悪くはありませんが、せっかくお互いにとって貴重な時間を一緒に過ごすのですから、やはり自分の知らないことを知っている人や、人間的に魅力的な人と過ごすほうが楽しいですよね。

私に限らず、**賢いお金持ちは、自分と同じような感覚を持っている人とつき合いたいと思うものです**。

「類は友を呼ぶ」といいますが、お金持ちのまわりには自然とお金持ちが集まってくる。それはお金持ち同士だと、金銭感覚だけでなく、面白いと思う感覚や時間に対する感覚など、さまざまな面で似ているので、一緒につき合っていても違和感を覚えず、馬が合うからです。

お金持ちになるような人は、自分自身の明確な軸やこだわりを持っているため、まわりに協調したり、流されたりすることがありません。それゆえに、人と違う行動が取れるのです。

「人と違う行動を取る」ということは、「競争率が低くなる」ということを意味します。だからこそ、お金も入ってくるのです。

まわりの人と同じような行動を取っていたら、お金を儲けることなどできません。

たとえば、投資の世界でも、市場が急落したからといって、他の人と一緒に株を売却していたら、いつまで経っても儲かりません。

まわりに流されることなく、「底値で買って、高値で売る」という原則を徹底できる人が利益を得るのです。

お金持ちは、年下からでも積極的に話を聞こうとする

話をもとに戻すと、お金持ちになる人は、自分と同じように、他人に流されない軸やこだわりを持っている人に魅力を感じます。

だから、賢いお金持ちは、年齢には関係なく、**ひとつの道を究めた人やユニークな取り組みをしている人の話を積極的に聞きたがります**。

私の場合も、父親ほど年が離れたお金持ちの方から、「どんな方法で資産を増やしているのか?」「どんな考え方で投資をしているのか?」といったことを根掘り葉掘り質問されることが多々あります。

年下の私からも、学べることは積極的に吸収しようとするのです。

もしあなたが、交流会やパーティーでお金持ちの人と会ったときに、当たり障りのない質問しかされず、すぐに会話が終わってしまうようであれば、それはあなたに、確固たる軸やこだわりがない証拠です。

賢いお金持ちは、自分のことを「普通」と表現する人とは、長くつき合おうと思いません。その他大勢の一人として、記憶にも残らないでしょう。

逆をいえば、これからお金持ちになろうという人は、決して「普通の会社員です」としか自己紹介できないような人生を送ってはいけません。

世の中の多数派を占める普通の人が、お金持ちになれる可能性はきわめて少ないのですから。

ポイント

賢いお金持ちは明確な軸やこだわりをもっている人とつき合う

「実績」を自ら語らない

セミナーや交流会などで初対面の人と話していると、たまに「私はこんなすごいことをしました」「俺が、俺が……」と自慢話をとうとうと語られることがあります。「私は普通の会社員です」と自己紹介されるのと同じくらい、自慢話を聞かされるのも困ります。

誰だって自慢話を聞かされて、楽しい気分にはなりませんよね。

本当のお金持ちは、自らの口で「実績」を語りません。

誰もがすごいと思うような人は、実績が突き抜けている。だから、自分で実績を語らなくても、まわりの人が「この人は、こんなすごい実績を持っている」と勝手に紹介してくれます。

第三者が語る実績は客観性があり、自ら語るよりも何倍も信憑性を帯びているので、人の信用を得ることができます。

私の例で恐縮ですが、私も20冊ほどの本を執筆し、ベストセラーといえるような本も出版しているので、まわりの人が「田口さんは、お金のカウンセラーとして実績を持っています」と私の詳細について他の人に伝えてくれます。

おかげで、私から「ベストセラーを出している」「お金の専門家として活躍している」というような自己紹介をしないですむのです。

すごいと思われるような実績を出していれば、まわりの人はきちんと評価して、それを情報発信してくれます。

自分で声を大にして伝えなければならないような実績は、まわりの人にとってインパクトのない実績であるか、つくりものの実績である可能性が高いといっても過言ではありません。

賢いお金持ちは「実績＋貢献方法」を語る

では、まわりの人が勝手に伝えてくれるような実績を、まだ持っていない場合はどうしたらいいのでしょうか。

賢いお金持ちになれる人は、背伸びをすることなく、等身大の実績を語ります。もし自分だけの成果でないなら、協力者がいることも正直に話すのです。

「自分はすごい」という気持ちが強くなると、実績に尾ひれをつけて、自分を大きく見せようとしてしまいます。そうなると、聞くほうにとっては、たちまち自慢話に聞こえてきます。

もうひとつのポイントは、実績を踏まえて、相手にとってどんな貢献ができるかを説明することです。

「私はこういう実績がありますよ。だから、あなたにこんな方法でお役に立てます」といった言い方をするように心がけましょう。

私が本を書くときも、同じようなことに気をつけています。

「お金のストレスフリーを実現した」という実績ばかりを語っていれば、それは単なる自慢話にしか聞こえないでしょう。

しかし、それを踏まえて、**お金のストレスフリーを実現するためのノウハウを誰でも**

使えるように一般化して伝えれば、読者のみなさんの参考になるはずです。

「保険代理店で売上ナンバーワンになった実績があります。だから、あなたの会社の営業力を強化するお手伝いができます」

「これまで100を超えるイベントをしかけてきました。だから、イベントの集客に関してはお任せください」

このように「実績＋貢献方法」をセットで話すことで、自慢話ととられる心配はなくなり、ビジネスにつなげることができるようになります。

ポイント

突き抜けた実績は、まわりの人が語ってくれる

居心地のいい人間関係に安住しない

先ほど、お金持ち同士は、さまざまな面で感覚が似ているから、一緒にいると馬が合うという話をしました。

時間に対する感覚でいえば、賢いお金持ちは、みな判断するスピードが速く、行動も速い。だからこそ、目の前を通り過ぎようとしているチャンスを逃さずに、がっちりとつかむことができるのです。

たとえば、前述したように一緒に食事へ行っても、食に関する判断基準が明確なので、メニュー選びであれこれ迷う人はいません。みんなで旅行に出かけようという話になったときも、すばやく予定を調整し、すぐにチケットを予約する。

お金持ちになる人は、そのような共通のスピード感を持っているから、一緒にいてもお互いにラクで、居心地のいい時間を過ごせるのです。

お金持ちにとって居心地のいい人間関係があるように、**お金持ちになれない人にとっ**

ても居心地のいい人間関係は存在します。

借金を抱えたデブの頃の私は、学習塾の同僚たちと、いつもつるんでいました。仕事が終わると、みんなで飲みに行き、休みの日は競馬場へ出かける。生活の大半を会社の同僚と過ごしていました。今振り返ってみても、とても居心地はよかった……。

もちろん、会社の人間関係は悪いより良いほうがいい。

しかし、その人間関係の居心地のよさのなかで安住している限り、お金持ちになる可能性はなくなってしまいます。毎日のように飲みに行き、ギャンブルをするような生活をしている人のなかから、お金持ちが生まれるわけがありません。仲間たちは、私と同じように暴飲暴食を繰り返し、自己管理ができず、太っている。そんな集団にいたら、賢いお金持ちになれる要素はゼロです。

当時の私のように、「会社の居心地がいい」という人は要注意。そのままぬるま湯につかっていては、いつまでも賢いお金持ちのグループに入ることはできません。

▼▼▼ 会社の人間関係を捨てて、外の世界で交流する

お金持ちではない人が、「今の環境は居心地がいい」という場合、その居心地のいい人間関係から抜け出すような努力をしなければなりません。そして、賢いお金持ちのグループこそ居心地がいいと感じるような感覚や基準を身につける。それができて初めて、賢いお金持ちになれる条件が整います。

では、具体的にはどうすればよいでしょうか。

今のぬるま湯の環境とは関係のない外の世界へ出て、交流を持つことです。

たとえば、ビジネスセミナーやその懇親会に参加してみる。同じように「お金持ちになりたい」という志を持っている人たちと交流してみるのです。そこで出会う人たちは、ある程度、自己管理ができていて、仕事やお金に対する意識は高いはずです。

私も、学習塾を辞めて、保険代理店を継いでから、人脈と知見を広げるために毎日のように異業種交流会に参加していましたが、「こんなにエネルギーを持っている人がいるんだ」「こんなに志の高い人がいるんだ」と、目からウロコが落ちるような出会いがたくさんありました。

学習塾の居心地のいい人間関係にどっぷりつかっていたら、決して出会えないような人ばかりです。**彼らのエネルギーや高い志に影響を受け、私自身も成長できたのです。**
また、最近では「朝活」なども盛んに開催されています。出勤前に朝食会に参加する人のなかには、自己管理能力の高いお金持ちの人が多いので、たいへん刺激になるでしょう。

居心地のいい人間関係から飛び出して、外の人と交流すると、最初は違和感を覚えるでしょう。感覚や基準が異なるのですから当然です。そこで、「やっぱり居心地が悪い」といって、居心地のいい人間関係に戻ってしまったら、いつまでも賢いお金持ちにはなれません。
「ちょっと居心地が悪いな」という感覚があるということは、お金持ちに近づいている証拠。そこで少々我慢して、それが心地よく感じられるようになれば、自然と賢いお金持ちの基準や感覚が身についてくるはずです。

ポイント

居心地の悪さはお金持ちに近づいている証拠

一人になることを恐れない

居心地のいい人間関係から抜け出し、賢いお金持ちの人間関係に飛び込んでいくために、もうひとつ大切なことがあります。

それは、一人で過ごす時間を確保すること。

平日はセミナーなどで一人になれる時間はあまり取れないかもしれませんが、休日のうちの一日は、一人で過ごす時間をつくる。デブでお金がなかった頃の私のように、休日まで会社の仲間と過ごしていてはいけません。

私は今でも、どんなに仕事が忙しくても、一人で過ごす時間をスケジュールに組み込んでいます。そして、自分の理想とする3年後、5年後のイメージに向かって前進しているかを自問自答し、検証します。

このような時間を確保しないと、人はラクなほうへと流されて、自分の理想や目標を

実現することがむずかしくなります。しかし、自分の現在地を冷静に見つめ直すことによって、必要であれば軌道修正をしていけば、確実に理想や目標へと近づくことができます。

これから賢いお金持ちになりたいと思っている人は、一人でじっくり考えられる時間をつくり、お金や健康の自己管理についてどうすべきかを考えたり、これからの人づき合いについて、どうしたらいいかを熟考してみましょう。

会社外の人と交流することは重要ですが、どんな人と会うべきか、どんな交流会に参加するべきか、事前に方針をしっかり固めることも大切です。いいと思える場がなければ、自分で理想の会を企画して、自分が交流したい人を集めるという発想もあっていいでしょう。

このように、これからの方針についてじっくりと一人で考える時間を持てば、「あれも、これも」とたくさんの会に参加し、むやみやたらと人に会って、疲弊することもありません。

お金持ちはグループに所属していない

賢いお金持ちは、お金持ち同士の人間関係に居心地のよさを感じる一方で、どこかのグループに所属しているという意識はありません。

外部の人からすれば、「お金持ちのグループに所属している」と見えるかもしれません。しかし、本人たちは「知り合いはいるけれど、どこにも属していない」と言うことでしょう。

おそらく、どこかに所属したいとも思っていないはずです。

つまり、**お金持ちのグループというのは、独立した個人がゆるくつながっている**。そんなイメージが合うと思います。

なぜなら、賢いお金持ちは、自分の軸や価値基準がはっきりしていて、自分の「色」をしっかり持っているからです。

したがって、どこかのグループに所属して、その「色」に染まる必要はないし、一人になることを恐れたり、孤独を感じたりはしないのです。

お金持ちは「孤独」である

お金持ちは、人脈が広いというイメージがありますが、顔が広いというだけで、意外と友人は多くありません。

私もご飯を一緒に食べるような知人はたくさんいても、本当に深刻な悩みを相談できるような親友はたった2人しかいません。

親友の数には個人差があるかもしれませんが、賢いお金持ちは明確な基準や価値観を持っているので、意外とその**基準や価値観に合う人が絞られる**のだと思います。

だからといって、お金持ちは、孤独であることをネガティブにはとらえません。むしろ、「孤独であることは、お金持ちになるための条件」ととらえている感さえあるのです。

ポイント

一人で考える時間を確保する

SNSで一方的な情報発信はしない

フェイスブックやツイッターなどのSNSを、人づき合いのツールとして活用している人は多いでしょう。

ソーシャルメディアは、うまく使えば、新しい人脈を広げることができますし、人間関係を維持するツールとしても重宝します。知り合いのお金持ちの多くもソーシャルメディアを活用しています。

現代ではソーシャルメディアは人間関係を強化する上で、強力な武器となり得ます。

しかし、フェイスブックやツイッターの投稿を見ていると、「かえって逆効果になっているのではないか」と思ってしまう内容のものもあります。

典型的なのは「自分大好き系」の投稿です。

たとえば、多くの人が仕事をしている平日の時間帯に、「今、ワイキキビーチにいます！」というメッセージとともに、こんがりと焼けた自分の水着姿を投稿する人、「フェラーリを買いました！」とわざわざ愛車の紹介をする人、あるいは、毎晩のように高級レストランの食事を投稿する人……。

このような投稿を見た人は、どんな気分になるでしょうか。

単純に「すごいなあ」「いいなあ」と憧れの視線で眺める人もいるかもしれませんが、大多数は、「いい加減、自慢はやめてほしい」「こんな投稿は見たくない」と不快な気持ちになるのではないでしょうか。

相手がネガティブに受け取りそうな投稿をしても、一文の得にもなりません。そのような情報を垂れ流しにしている人は、相手がどう受け取るかという客観的な視点に欠けているのです。

それはネット上に限らず、リアルのビジネスや人間関係のなかでもマイナスポイントとしてあらわれているはずです。

タレントさんが週刊誌などに、不都合な内容についてあることないこと書かれるのは、自分でコントロールできないので、どうしようもありません。しかし、ソーシャルメディアは、発信する情報を自分でコントロールできます。自分で管理できるのですから、あえてマイナスな印象を与える情報を発信する必要はありません。

賢いお金持ちは、ＳＮＳに情報を発信するときも自己管理を徹底していますが、そうでない人は、ＳＮＳの活用でも自己管理ができていない場合が多くあります。

一方的ではなく、双方向のコミュニケーションをする

お金持ちになれない人は、ソーシャルメディアで一方的な「自分大好き系」の投稿をします。

一方で、私のまわりの賢いお金持ちは、そもそも投稿を乱発するようなことはありませんし、自分はお金持ちであるということを、わざわざソーシャルメディアを使ってアピールすることもありません。お金持ちオーラを漂わせても、ねたみの対象になるだけで、何ひとつメリットがないことを理解しているからです。

賢いお金持ちは、ソーシャルメディアを一方的ではなく、双方向で活用する傾向があります。

メールよりも気軽に使えるので、メッセージ機能をメール代わりに活用したり、仕事に関するお知らせや連絡事項を、多くの人に知ってもらうために活用しています。

私のケースでいえば、新しい書籍が発売になるときに、フェイスブックに新刊の書籍をアップして、今回はどんな思いで執筆したかなどのメッセージを添えます。

しばらく会っていなかった知り合いやフェイスブック上でつながっている人に、広く効果的に本の告知ができますし、「いいね！」やメッセージ欄を通じて、コミュニケーションを取ることもできます。

もちろん、一方的にならないように、新刊の情報を何度も投稿したりはしません。

ソーシャルメディアはネット上のツールですが、コミュニケーションの基本はリアルのシーンとなんら変わりはありません。

相手の立場になって、こちらの発信する情報を管理する。賢いお金持ちになれる人は、このような原則を徹底しているのです。

ポイント

賢いお金持ちは、ＳＮＳに発信する情報管理も怠らない

第5章

賢いお金持ちはこんな仕事の進め方をしない

「自分の時間」をムダにしない

昔と違って、今は長時間労働がもてはやされる時代ではありません。人件費を削減したい企業は残業時間を減らす方向で動いており、これまで以上にビジネスパーソンにも生産性や効率が求められています。

しかし、現実はどうでしょうか。

定時に帰るのは、口で言うほど簡単ではありません。少ない人員で大量の仕事をこなさなければならない職場や、上司や部下の視線が気になって早く帰りにくい雰囲気の職場もあります。それでも残業代がつけばまだマシですが、特に中小企業の多くは、ほとんどサービス残業というのが現実ではないでしょうか。

あなたも、「残業するのは当たり前」とあきらめているかもしれません。しかし、残業が毎日の習慣になっている限りは、賢いお金持ちになることは到底できません。**残業**

が常態化しているのは、時間管理ができていない証拠。自己管理能力が低いと言わざるを得ません。

時間管理ができず、サービス残業が当たり前になっている人は、まず自分の給料を時給に換算してみましょう。1カ月の給料の額を実際の勤務時間で割るのです。

たとえば、あなたが月30万円の給与をもらっているとします。出勤日数は22日間で、勤務時間は1日8時間。さらに、毎日3時間のサービス残業をしています。

この場合、時給に換算すると、約1240円。深夜にコンビニやファミレスでアルバイトしている場合と大差ありません。これしか稼げない人が、賢いお金持ちになるのは夢のまた夢です。

では、どうすればよいのでしょうか。

やはり結論としては、自己管理を徹底することに尽きます。決められた時間内に仕事を完結させて、定時に帰る。

もちろん、すべての残業を否定するつもりはありません。会社で働いていれば、頼まれた仕事が断れないときはありますし、大切なプロジェクトの前など、ここが正念場という場面では、残業をいとわない姿勢は必要です。ときには、サービス残業をしなくてはならないときもあるでしょう。

しかし、残業が当たり前の状況に甘んじている限りは、いつまで経っても賢いお金持ちになることはできません。

賢いお金持ちは、将来への「投資」の時間を増やす

賢いお金持ちになれる人は、「仕事の時間」を大事にしていますが、それと同じくらい仕事以外の「自分の時間」も大切にしています。

したがって、サービス残業することは、「自分の時間を犠牲にしている」と考えます。

お金の使い方が、「浪費」と「投資」とに分けられるように、時間の使い方も「浪費」と「投資」に分けて考えることができます。

昼間ダラダラと仕事をして、結果的にサービス残業をするのは、まさに時間の「浪費」。

一方で、自分の将来のためにスキルを身につけたり、語学や専門知識を学んだり、人

脈を広げるために交流会やセミナーに参加する。あるいは体のメンテナンスのためにトレーニングや休息の時間を取ったりすることは、時間の「投資」といえます。

お金持ちになる人は、「自分の時間」を上手に使って、このような「投資」をしています。

投資の時間を増やすことが、お金持ちになるための王道だと理解しているからです。

サービス残業が当たり前になっている人は、自分の働きぶりを見つめ直しましょう。

勤務時間中、集中して仕事に取り組んでいるでしょうか。

「残業して終わらせればいいや」とダラダラ仕事をしていないでしょうか。

単に「上司より先に帰りづらいから」という理由で残業していないでしょうか。

遅くまで働き、頑張っている自分の姿に酔っていないでしょうか。

このように振り返ってみると、本当に必要な残業は、意外と少ないことに気づくはずです。

ポイント

仕事の時間だけでなく、自分に投資する時間も大切にする

今日からは会社から時間を取り戻して、定時に帰る生活を始めてみましょう。定時に帰れれば、将来に向けた「投資」に使う時間が増えるだけでなく、さまざまなメリットがあります。

早く帰れば、早く寝ることができるので、必然的に早起きになります。朝型の生活になれば、朝の時間を有効活用でき、仕事も午前中から集中して取り組めます。

会社に遅くまで残ることがなくなれば、ストレス発散のためにお酒を飲みに行ったり、夜遊びをしたりすることもなくなるので、ムダな出費も減ります。体にも財布にもやさしい毎日を過ごすことができます。

日々の生活にこのような正のリズムが生まれると、あらゆる面で自己管理がしやすくなり、お金も貯まりやすい体質に変わっていくはずです。

「不得意なこと」を頑張らない

みなさんの会社には、どんな仕事でも要領よくこなせる器用なタイプのスタッフがいます。

きっとそのような人は上司から重宝がられ、さまざまな仕事を任されていると思います。

もちろん、器用に仕事をこなすのは悪いことではありません。しかし、その器用さゆえに「なんでも屋」になってしまう人は、お金持ちからは遠ざかってしまいます。

なぜなら、**賢いお金持ちほど、得意なことにフォーカスしているからです**。

お金持ちになる人は、「この仕事では絶対に負けない」という得意分野を必ず持っています。

得意分野は決して広くなくてもかまいません。たとえば、投資の世界で成功した人で、株式投資も不動産投資もＦＸも……とすべての分野で資産を築いている人はまずいません。

世界長者番付の第1位に輝いたことのある有名な投資家・ウォーレン・バフェット氏も、株式の長期投資専門で、それ以外の投資には一切手を出していません。

私の知り合いの経営者にも、自分のやっている事業は誰よりもくわしいけれど、それ以外のことはまるでダメというタイプの人が少なくありません。

今どきレンタルＤＶＤの借り方がわからなくて困り果てた、というエピソードを持つお金持ちもいるくらいです。

お金持ちになる人は、「なんでもできるスーパーマン」というイメージを持っている人がいるかもしれません。

しかし、現実は、そうではありません。

自分の「得意なこと」と「不得意なこと」を把握して、「不得意なこと」は捨ててしまう。そして、「得意なこと」に時間とコストを注ぐのです。

そうやって専門性を磨き、他者と差別化を図ることによって、より多くのお金を稼ぐことができるのです。

得意な仕事を究めれば会社にも貢献できる

仕事を始めたばかりの新人は、自分の得意分野などわからないケースがほとんどです。だから、好き嫌いで仕事を選ばず、どんな仕事にも積極的に挑戦していく姿勢が大切です。

ただ、そうして仕事を進めていくと、「この仕事はうまくいくけれど、この仕事はうまくいかない」といった傾向が見えてくるはずです。

そこで、**お金持ちになれる人は、得意でうまくいく仕事を、さらに磨くことに注力します**。一方、お金持ちになれない人は、不得意な仕事を克服しようと躍起になってしまうのです。

私が、家業の保険代理店を継ぎ、働いていた時代のこと。私は自動車事故の保険を担当する部署で働いていました。

誰がどの案件を担当するかは上司が割り振るので、基本的に指示された案件を扱うのですが、自動車の保険や事故にはさまざまなパターンや種類があるので、うまくいく案件と、時間がかかってうまくいかない案件が出てきます。

そうこうしているうちに私は、自分にとって得意な案件と不得意な案件をはっきり分けられるようになりました。

それ以降、私は上司から仕事を割り振られたときに、「このタイプの案件は苦手なので、時間がかかります」とはっきり伝えるようになりました。そのほうが結果としてスピーディーに案件を処理でき、会社に貢献できると考えたからです。

もちろん、好き嫌いで仕事を選んでいると思われてはいけないので、同時に、「でも、もう一方のタイプの案件は得意なので、どんどん振ってください」と積極的に申し出て、テキパキと処理していきました。

保険会社の仕事はチームプレーの側面があるので、得意な仕事をテキパキ処理するほうが、チーム全体の効率も上がり、部署の成果につながります。

そのことを上司に理解してもらえたので、私は自分の得意な仕事を中心に任されるようになり、その仕事についてはスペシャリストといわれるくらいの知識と経験を得ることができました。それ以降、仕事の成果が出るようになったことは言うまでもありません。

会社から独立・起業して成功する人は、自分の軸となるような得意分野を見出し、それを徹底的に究めます。苦手なことやできないことは、分業制にして他の人に任せます。たとえば、企画やアイデアを考えるのが得意な人は、それにフォーカスし、営業や経理などの仕事は、人を雇ったり、専門の会社にアウトソーシングすることをいとわないのです。

あなたの得意分野はなんでしょうか？
もしすぐに思い浮かばないのなら、「困ったときの○○さん」になっている恐れがあります。
まずは苦手なことを手放してみる。そうしたマネジメントのできる人が、賢いお金持ちになれるのです。

ポイント

苦手なことを捨て、得意なことにフォーカスする

情報は聞きっ放しにしない

講演会やセミナーなどでお会いした人と話していると、たまに講師である私よりも、新しい金融商品のことや経済に関するニュースについて知識が広く豊富な人と出会うことがあります。

その豊富な知識に私もタジタジになることもありますが、「では、投資はうまくいっていますか?」と聞いてみると、肝心な資産運用のほうはうまくいっていないというケースが多いのです。

実は、幅広く情報を知っていることと、お金持ちになることは、正比例の関係ではないのです。

もちろん、情報は知らないよりは知っていたほうがいい。ニュース番組やインターネットから積極的に情報収集することを否定するつもりはありません。

しかし、情報は「知る」だけでは意味がありません。「活用する」ことができて、初めてお金に換えることができるのです。

たとえば、「アルコール度数1パーセントのお酒が人気」というニュースを聞いたときに、ただ「へぇ、そうなんだ。今度飲んでみようかな」と思うだけでは、ビジネスにもお金にもつながりません。

お金持ちになれる人は、同じアルコール1パーセントのお酒のニュースを聞いたときに、どうやってこの情報を有効活用するかを考え、たとえば次のような発想をします。

「低アルコール飲料なら、女性でも気軽に飲むことができる」
↓
「飲酒する女性人口が増えて、アルコール消費者のすそ野が広がる」
↓
「女性が好むカフェでも、低アルコール飲料が定番メニューになるかもしれない」
↓

「お酒が飲めるカフェの情報をインターネットで提供してみよう」

このようなアイデアが実際にうまくいくかどうかは別にして、**賢いお金持ちは、情報を自らの行動へ結びつけることを習慣としているのです。**

いくら金融商品の情報を知っていても、経済ニュースを毎日読んでいても、それだけでは意味がありません。「自分ならどうするか」という発想をして、行動に結びつけなければ、情報は右から左へ流れていくだけです。

情報を鵜呑みにしてはいけない

賢いお金持ちは、気になる情報をニュースやネットで知ったときに、それを鵜呑みにすることはありません。

本当にそうなのか、裏を取る作業を怠らないのです。

先ほどの「アルコール度数1パーセントのお酒が人気」というニュースを聞いたら、実際にその商品を買ってみて、自分で飲んでみる。あるいは、その商品を飲んだ女性の感想を聞いてみる。

その結果、本当に「お酒が飲めるカフェの情報をインターネットで提供する」というアイデアがうまくいきそうだと思えば、インターネットにくわしい人に、「他に類似のサイトはないか」「どのような情報提供をすれば、アクセスを増やすことができるか」といったことを相談してみる。

そうしたプロセスを踏むことによって、そのアイデアが実を結ぶ確率は上がっていきます。

反対に、情報を鵜呑みにしてしまう人は、何事も失敗する可能性が高い。

たとえば、株式投資をするときに「マネー雑誌で注目のおすすめ銘柄として紹介されていたから」という理由だけで売買をしてしまいます。

まったくその企業のことも、業界のことも知らなければ、いざ株価が動いたときに、本当にその株価が高いのか、安いのかの判断ができないので、結局損をする可能性が高くなるでしょう。

賢い人であれば、その企業や業界についてくわしい人に直接聞いてみたり、セミナーなどに足を運んで確認するはずです。

お金持ちには、情報のネットワークがある

とはいえ、「直接、情報や意見を聞けるような知り合いがいない」という人もいるでしょう。情報をくわしく知りたいときに、気軽に連絡を取れるネットワークがあれば便利ですよね。

実はお金持ちは、自分の専門以外の情報を仕入れるネットワークを持っている場合が多いのです。

なぜ、そのようなネットワークを持つことが可能なのでしょうか。

賢いお金持ちは、ほぼ間違いなく自分の得意な専門分野を持ち、その分野で傑出した成果を出して、付加価値の高い仕事ができます。

専門分野があるということは、当たり前ですが、その分野についての情報が自然と集まってきますし、ニュースやネットに出ないような生の情報にも精通しています。

こうした専門性が高く、付加価値のある情報は、「交換」が利きます。自分の持って

いる情報を他の人に提供する代わりに、自分の専門外の情報をくわしい人から教えてもらえるのです。

一方的に「情報をください」とお願いばかりしている人には、価値のある情報は集まってきません。

お金持ちは、自分自身が提供できる情報を持っているからこそ、価値のある情報を各分野から得ることができ、それをお金やビジネスに換えられるのです。

情報は一方的に得るものではなく、交換するものです。お金持ちになりたければ、まずは自分の得意分野を磨く必要があります。

ポイント

情報は「知る」ものではなく、「活用する」もの

「資格で稼ごう」とは思わない

お金に関する講演会をすると、こんな質問を受けることがあります。

「お金持ちになりたいので、ファイナンシャルプランナーの資格を取ったほうがいいですか？」

残念ながら、このような質問をしてくる人は、お金持ちになれる可能性がきわめて低いといえます。

ファイナンシャルプランナーの勉強を通じて、お金に関する知識を幅広く習得することは悪いことではありません。もともと金融関係の仕事をしていて、肩書や知識が、キャリアや収入のアップに活かせるのであれば意味があるでしょう。

しかし、ファイナンシャルプランナーの資格を持っていれば、自動的にお金持ちになれるというわけではありません。

実際、ファイナンシャルプランナーの資格を持っているお金持ちはそれほどいません。ＭＢＡも同じ。ＭＢＡを持っていても、それを仕事で活用し切れず、お金持ちとは縁遠い人をたくさん知っています。

医者や弁護士など、資格がなければお金を稼げない職業は別として、世の中のほとんどの資格は、所有しているだけではお金持ちにはなれないのです。

知識を頭に詰め込むことより大切なのは、実際に体験してみることです。

もし「お金持ちになりたいから、ファイナンシャルプランナーの資格取得を目指す」のであれば、興味のある金融商品を実際に買ってみる。何年間も資格の勉強をするよりも、実体験から資産運用の原則やルールを学んだほうが、何倍も早くお金持ちに近づけます。

もちろん、失敗することもあるでしょうが、成功と失敗を繰り返しながら身につけた知識は、生きた知恵となります。決して資格取得のための教科書からは学べないことばかりです。

得意な分野で資格を取得する

「仕事でキャリアアップをするために資格を取る」という人は少なくありません。もちろん、キャリアアップは重要で、より高いキャリアやスキルを持っている人のほうがお金持ちに近づくのは間違いありません。

しかし、「どの分野でキャリアアップを図るか」が明確に決まっていない人は、間違いなく失敗します。

たとえば、「英語ができたほうがビジネスでは有利だろう」「中国語を話せたほうが将来役立つかもしれない」「○○さんがMBAを取ったから自分も」というように、漠然とした理由で資格を取得するタイプです。

たしかに、英語も中国語も話せるに越したことはありませんが、それを活かせる仕事に就けるとは限りませんし、一緒に仕事をする他のメンバーが話せれば事足ります。そうなれば当然、収入アップにもつながりません。

キャリアアップのために資格を取るなら、自分の得意な分野、好きな分野を踏まえる必要があります。

たとえば、経理の仕事が得意な人であれば、簿記や税理士の資格を目指すべきですし、ネイリストとして食べていきたいのであれば、最近急増している中国人観光客を取り込むために、中国語を学ぶ。ネイルの仕事は日本人相手では頭打ちでも、中国人に来店してもらえれば、一気に市場は広がるでしょう。

賢いお金持ちになる人は、「箔がつくから」「他の人も取っているから」といった資格先行の考え方はしません。自分が現在している仕事の必要に応じて、資格取得を検討するのです。

ポイント

資格を取るだけでは、お金持ちにはなれない

行き当たりばったりの計画は立てない

私が自分でセミナーや講演会を主催すると、募集告知を出した直後に7～8割の席が埋まります。

もちろん、「私は人気があるから」と自慢したいわけではありません。実は、集客を確保する裏では、それなりに汗を流しています。**きっちりと段取りや根回しをしているから、短期間で確実にお客様を集めることができるのです。**

たとえば、50人を集客する講演会を開催するとします。

まず、講演会の日から逆算して、大々的に告知する日を決める。そして、その日へ向けて、今回の講演会のテーマに興味のありそうな人や、これまでマネーカウンセリングに参加された方に声をかけておくなど、事前に根回しをしておきます。

だから、告知をした早々に50人中、40人くらいの申し込みが入るのです。残り10人ほどなら、不特定多数の人に向けた告知でも集めるのはむずかしくありません。

初めてセミナーをする人がよく失敗するのは、こうした根回しをせずに、告知をしてしまうからです。

よほどの著名人でなければ簡単に人は集まりません。私でも根回しなしで、ゼロから50人、100人を集客しようとすれば、かなり苦戦するでしょう。

根回しをしていないと、セミナー開催日直前になって、「会場が埋まらない」と焦り出すのがオチです。結局、無理を言って知り合いに無料で参加してもらい、たいして儲からないばかりか、知り合いからひんしゅくを買う結果となります。

計画は具体的な数字に落とし込む

これは仕事でも同じです。

「なんとかなるだろう」「今月は、たぶん売上達成できるだろう」となんの根拠もなく、「行き当たりばったり」で仕事をしている人は、期限直前で慌てることになります。

計画は、できる限り数字で表現することが大切です。

たとえば、営業の仕事であれば、売上目標があります。

期限1日前に、一気に大口の注文が入ることはまずありませんから、日々、確実に数字を積み重ねる必要があります。「1週間後に100万円、2週間後に200万円……」というように具体的に数字を追うことによって、最終的な目標に到達できるのです。「1週間後に100万円を達成する」と数字であらわされていれば、おのずと「お得意先を1日3件回らなければならない」「新規獲得の電話を1日30件かけなければならない」というように、1日にやるべきことが決まってきます。

ダイエットも毎日体重計に乗って体重の増減を把握する自己管理が必要です。それと同じで、仕事もやるべきことを1日単位で管理することによって、あなたが望む結果に確実に近づくことができます。

賢いお金持ちは、「行き当たりばったり」の仕事はしません。「行き当たりバッチリ」の計画を立てて、実行していくのです。

ポイント

計画を達成するためには根回しもいとわない

メールは「即レス」しない

「仕事ができる人ほど、メールの返信が早い」というイメージを持っている人は多いのではないでしょうか。

たしかに、メールの返信は遅いよりも早いほうがいいですし、緊急の案件は、できる限り即レスしたほうが、相手も安心するでしょう。

だからといって、メールボックスを10分おきにチェックしたり、メールが届くたびに返信していたら本業に集中できません。メールは、あくまでも連絡ツールであり、いくらメールの送信数が多くても、収入は増えません。

賢いお金持ちは、一日のリズムが崩れるのを嫌うというのは、すでにお伝えしたとおりです。それは仕事も同じです。仕事でも一定のリズムを保つことによって集中力を発揮し、質の高い仕事をすることができるのです。

したがって、**賢いお金持ちは、メールの返信は1日1回、あるいは1日2回（朝と午後など）と決めていることが多いのです。**

返信の時間を決めていれば、仕事のペースが乱されることはありません。

もし、緊急案件であれば、先方が電話をかけてくるなど、なんとか連絡をとろうとするはずです。多くの場合、一日の猶予も許されないような案件はめったにありません。

私もメール返信にあてるのは、1日1回、早朝の時間帯だけです。しばらくこのペースを崩していませんが、それによって困ったことはありません。

▼▼▼メールが気になると、集中力が高まらない

朝いちばんに行うメール返信の時間は、私にとって仕事モードに切り替わるスイッチを入れるような感覚があります。

メールを返信するという実務をし始めると、徐々に頭と体がウォーミングアップされて、仕事モードに入っていく。そして、返信がすべて終わるころには、「よし、今日もやるぞ！」と気分も高まり、次の仕事に集中することができます。

人間が持続的に集中できる時間は、45分とも90分ともいわれています。

経験的にいっても、**1日のうちで本当に集中して物事に取り組める時間は、それほど多くありません。**

賢いお金持ちは、そのことをよく理解しているので、集中力がいちばん高まり、他のことが気にならなくなるくらい没頭できる「ゾーン」を意識的につくるようにしています。

そして、その「ゾーン」に入っているとき、これからの戦略を考えたり、企画やアイデアを練ったりといった、頭を使う重要な仕事に取り組むのです。

ゾーンがいつ来るかは、人それぞれです。

私の場合、「ゾーン」に入る時間はメール送信後の朝から午前中にかけてですが、人によっては、「ゾーン」を夜にもってきたほうが仕事の生産性が高まるというケースもあります。

一日中メールの送受信を繰り返している人は、こうした仕事に集中する「ゾーン」をつくるのがむずかしくなります。

せっかく集中し始めても、メールの着信が気になって、すぐに集中力が途切れてしまう……。これでは質の高い仕事をすることはできません。

あるお金持ちの投資家は、大事な投資案件について考えをめぐらせるときは、スマートフォンやパソコン、電話のない部屋に閉じこもって、その案件だけに集中するといいます。

「即レス」を捨てて、メールの送信は1日1回にする。一度そう決めてしまえば、案外メールは気にならなくなります。

メールの返信よりも、もっと大事な仕事に集中することによって、賢いお金持ちへと近づくことができるのです。

ポイント

賢いお金持ちは集中できる「ゾーン」を意図的につくる

「完全オフモード」に切り替えない

「お金持ちは働かずに遊んでいる」

そんなイメージを持っている人もいますが、それは一部の資産家に限った話です。

ほとんどのお金持ちは、基本的に仕事が大好きで、やりがいを感じています。

だから、不動産投資をしていて、あくせく働かなくてもよいくらいの不労所得があるようなお金持ちでも、もっといい物件がないかと日本全国を探し回っていたり、自分が所有する物件がより多くの収益を生むように、不動産屋を回ったり、修繕したり、リノベーションすることに精を出しています。このような不動産投資家ほど、投資もうまくいっています。

結論をいえば、**賢いお金持ちは、仕事と休日の境目があいまいです。**

もちろん、お金持ちにも仕事のオンとオフはあります。しかし、「今週はよく働いたから、今日は一日ゆっくり寝て過ごそう」という完全オフモードの発想はありません。

一日のリズムが崩れることを嫌うので、休日であっても、朝は決まった時間に起きますし、夜更かしをすることはありません。

遊びに出かけた先でも、つねに仕事が念頭にある

また、賢いお金持ちは、どこかへ遊びや食事に出かけても、完全に仕事のスイッチを切ることはありません。

たとえば、店先に行列ができていれば、どんな商品が、どんな人にウケているのか、ちょっとした分析を行います。

デパートで売れ筋の商品を見つければ、どこの企業の商品かチェックして、株価の動向をつかむ。不動産投資をしているお金持ちであれば、旅行先でも、「いい物件はないか」とアンテナを張っています。

私の場合も、休日に電車に乗ったり、カフェでお茶をしている最中も、ただボーっと

していのではなく、まわりの人がどんな会話を交わしているか、聞き耳を立てて、情報収集することがあります。

何気なく会話を聞いているだけでも、若い人がどんなことに興味を持っているのか、お年寄りがどんな悩みを抱えているのか、といったことがわかります。そのような生の情報は、すぐに仕事に役立つわけではありませんが、時間差で仕事のアイデアのヒントになったということが何度もあります。

お金持ちになれる人は、平日と休日を切り分けません。たとえ休日であっても、完全に休んでいるという感覚はありません。

もちろん、体と心を休めることは大切にしていますが、**「仕事に活かせることはないか」とつねにアンテナを張っているのです。**

ポイント

休日でも仕事のスイッチを完全に切らない

おわりに

本書では、自己管理を徹底し、「絶対やらない哲学」を実践することがお金持ちにつながるとお伝えしてきました。

自己管理というと、みなさんは、「やりたいことを我慢して頑張る」「つらい日々に耐えて頑張る」というように、「頑張る」ものだと認識しているかもしれません。

しかし、自己管理ができているお金持ちには、「頑張っている」という感覚はないからです。むしろ、「楽しんでいる」「やりたいからやっている」という感覚です。

たとえば、借金のあるデブだった私が、借金を返済し、体重を落とすことができたのは、自己管理のたまものです。もちろん、そのプロセスでは大変なこともたくさんありましたが、「お金のストレスフリー」を実現するという明確な目標があったため、基本的にはやりがいを持って、そのプロセスを楽しんでいたという感覚があります。

賢いお金持ちになった人は、みんな「頑張りどころ」を見つけられた人たちです。「頑張りどころ」といっても、まわりから「あの人は頑張っている」ように見えるだけで、本人は頑張っているつもりはありません。

やりたいことに向けて、夢中で取り組んでいるだけですから、いつも笑顔で楽しそうにしています。だから、「顔晴《がんば》りどころ」と表現したほうが正しいかもしれません。

そんな「顔晴りどころ」を見つけられれば、自己管理も苦になりません。

「自分はこんなに頑張っているのに報われない」と不満を言っている人は、まだ「顔晴りどころ」が見つかっていない証拠です。

そんな人は、本書で紹介したお金持ちの「やらない哲学」を実践し、形からお金持ちの思考と行動を身につけていきましょう。

やるべきことと、やってはいけないことを分けるだけでも、仕事や生活にムダがなくなり、日々の生活にリズムができ、思考もクリアになっていきます。そうすれば、おのずと自分の「顔晴りどころ」も見えてくるはずです。

田口 智隆

田口智隆

（たぐち・ともたか）

株式会社ファイナンシャルインディペンデンス代表取締役。1972年埼玉県生まれ。28歳のときに自己破産寸前まで膨らんだ借金を徹底した節約と資産運用によりわずか数年で完済。その後は「収入の複線化」「コア・サテライト投資」で資産を拡大。34歳の時にお金に不自由しない状態「お金のストレスフリー」を実現。株式会社ファイナンシャルインディペンデンスを設立。現在はその経験を活かし、マネー・カウンセリングで個別に相談に乗る一方、より多くの人にお金の大切さを伝えたいという思いから日本全国でセミナー活動を積極的に行っている。

『11歳のバフェットが教えてくれる「経済」の授業』『お金の不安が消えるノート』(フォレスト出版)、『お金が貯まらない人の悪い習慣39』(マガジンハウス)、『「なぜかお金が貯まる人」がやっていること』『10年後、金持ちになる人 貧乏になる人』(廣済堂出版)など、著書の累計部数は50万部を超えるお金のカリスマ。

なぜ
賢いお金持ちに
「デブ」はいないのか?

2015年8月1日　第一刷発行

著　者　　田口智隆

発行人　　出口 汪

発行所　　株式会社 水王舎
〒160-0023
東京都新宿区西新宿 6-15-1 ラ・トゥール新宿 511
電話 03-5909-8920

本文印刷　厚徳社

カバー印刷　歩プロセス

製　本　ナショナル製本

校　正　斎藤 章

編集担当　田中孝行　大木誓子

落丁、乱丁本はお取り替えいたします。

ISBN978-4-86470-027-6 C0095

既刊好評発売中！

自己紹介が９割

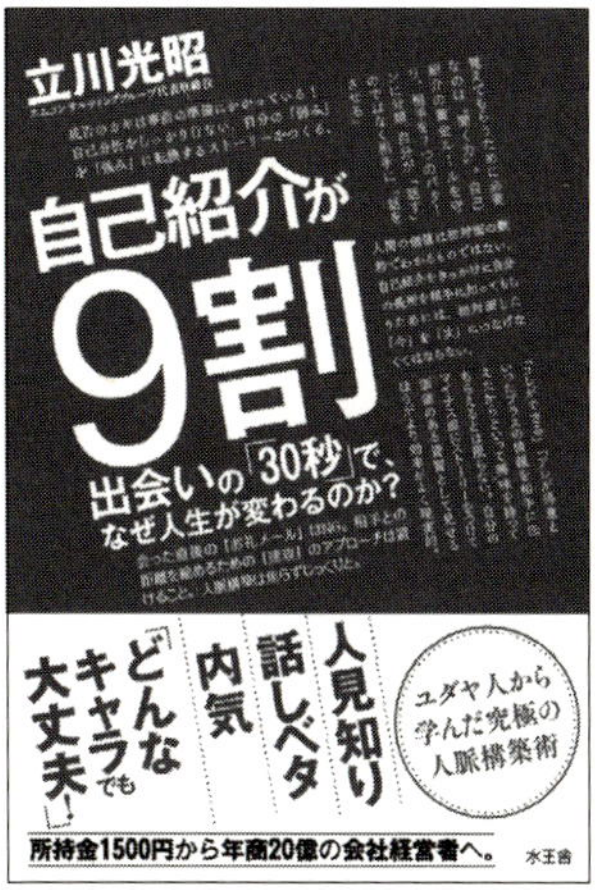

立川光昭・著

出会いのたった「30秒」で
なぜ人生が変わるのか？

自己紹介だけで、所持金1500円から年商20億の会社経営者へ。

人見知りでも、内気でも、自分にウリがなくても、まったく大丈夫！　ビジネスパーソンだけでなく、就職・転職活動中の人も、婚活中の人も、恋人や友達が欲しい人も、本書の自己紹介法を実践すれば、必ずうまくいきます！　読むだけで、初めて会う相手に「つき合っていく価値のある人だ」「魅力的な人だ」「気になる人物だ」と思われ、あなたの「未来」が拓けていくことでしょう。

定価（本体1300円＋税）ISBN978-4-86470-024-5